MICHELLE HOOVER

DAS AUTOIMMUN—
WOHLFÜHL

KOCHBUCH

MICHELLE HOOVER

DAS AUTOIMMUN– WOHLFÜHL

KOCHBUCH

Über 100+ leckere, nahrhafte und allergenfreie Rezepte

INHALT

EINLEITUNG
MEINE AUTOIMMUN-
HEILUNGSGESCHICHTE
1

KAPITEL 1
ÜBER DAS
AUTOIMMUN-PROTOKOLL
4

KAPITEL 2

AIP-GRUNDREZEPTE
17

KAPITEL 3

FRÜHSTÜCK IM BETT
27

KAPITEL 4

VORSPEISEN, DIPS & SNACKS
41

KAPITEL 5
SUPPEN, SALATE
UND BEILAGEN
57

KAPITEL 7
FEIERTAGSLIEBLINGE
155

KAPITEL 6
HAUPTGERICHTE
UND PROTEINE
FÜR JEDEN HEISSHUNGER
91

KAPITEL 8
DESSERTS
UND GETRÄNKE
167

DANKSAGUNG 183
ÜBER DIE AUTORIN 184
INDEX 186

Dieses Kochbuch widme ich in Liebe meinem erstaunlichen Ehemann Daniel und natürlich all den fantastischen Lesern von UnboundWellness.com.

VORWORT

DR. SARAH BALLANTYNE,
Bestseller-Autorin von *Die Paläo Therapie*

AUTOIMMUNKRANKHEITEN SIND EINE EPIDEMIE unserer Gesellschaft, da zig Millionen mit Diagnosen zu tun haben, die von Multipler Sklerose über Hashimoto-Thyreoiditis, rheumatoider Arthritis, Psoriasis bis hin zu Lupus und mehr reichen – es gibt über 140 chronische Krankheiten, die bestätigt oder vermutlich unter diesen Autoimmunbegriff fallen. Die Symptome einer Autoimmunerkrankung können schwerwiegende Auswirkungen auf unser tägliches Leben und die allgemeine Vitalität haben.

Das Autoimmunprotokoll (AIP) ist ein Leitfaden für Menschen, die mit Autoimmunerkrankungen zu kämpfen haben. Es reduziert Entzündungen und unterstützt die natürliche Heilungsfähigkeit des Körpers. Durch die Auswahl nährstoffreicher, heilender Lebensmittel, die Beseitigung entzündlicher Lebensmittel und die Entscheidung zu bestimmten Lebensstiländerungen kann die Lebensqualität drastisch verbessert werden.

Es gibt wissenschaftliche Beweise dafür, dass das AIP tatsächlich wirksam ist. In einer klinischen Studie von 2017 mit Patienten mit entzündlicher Darmerkrankung erlebten 73 Prozent der Teilnehmer innerhalb von sechs Wochen nach Beginn des Protokolls eine vollständige Remission. Ähnlich beeindruckende Ergebnisse wurden in einer klinischen Studie von 2019 mit Hashimoto-Thyreoiditis-Patienten beobachtet, bei denen – gemessen an den gesundheitsbezogenen Lebensqualitätswerten – innerhalb des zehnwöchigen Studienzeitraums eine signifikante Abnahme der Symptome festgestellt wurde, die außerdem von niedrigeren Markern für systemische Entzündungen begleitet wurde.

Obwohl die AIP-Diät vorübergehend viele Lebensmittel ausschließt, die wir im Rahmen von Feiertagen, Feiern und anderen unterhaltsamen Situationen gewohnt sind, gibt es trotzdem viele Möglichkeiten, Gerichte aus nahrhaften und verträglichen Zutaten zu genießen, die der Seele gut tun! *Das Autoimmun-Wohlfühl-Kochbuch* ist eine fantastische Quelle für diejenigen, die nostalgische Gerichte, Urlaubsklassiker, dekadente Leckereien, leckere Snacks und Familienfavoriten während der AIP-Diät genießen möchten! Dieses Kochbuch enthält über 100 kreative und köstliche Rezepte von Michelle Hoover, die ihre beliebten AIP-Kreationen seit mehreren Jahren in ihrem Blog veröffentlicht.

Ein gesundes Leben hängt stark von den Lebensmitteln ab, die wir essen, und von den Entscheidungen, die wir täglich treffen, aber es hängt auch vom Gemeinschaftsgefühl und dem menschlichen Miteinander in unserem Leben ab. Seit Tausenden von Jahren versammeln sich Menschen an einem gemeinsamen Tisch, um Essen zu teilen, Beziehungen zu pflegen und zu feiern. Mit dem *Autoimmun-Wohlfühl-Kochbuch* können Sie die geschätzten Aromen von Comfort Food mit Ihren Lieben teilen und gleichzeitig vorbehaltlos selbst nahrhafte AIP-Lebensmittel genießen!

Michelle möchte sicherstellen, dass alle, die einer Autoimmunprotokoll-Diät folgen oder an Nahrungsmittelunverträglichkeiten gegenüber Gluten, Milchprodukten, Soja, Nachtschattengewächsen, Nüssen und mehr leiden, ein Gefühl der Freude und Fülle an der Nahrung empfinden, die sie zu sich nehmen. Dieses Buch ist Ihr Schlüssel dazu!

EINLEITUNG

MEINE AUTOIMMUN-HEILUNGSGESCHICHTE

IN MEINER KINDHEIT war ich selten gesund. Oft war mir schwindelig, und ich hatte meistens irgendeine Infektion oder Bauchschmerzen. Ich wurde als Hypochonderin abgestempelt, aber all das änderte sich, als bei mir im Alter von 17 Jahren die Hashimoto-Krankheit diagnostiziert wurde.

Hashimoto ist eine chronische Krankheit, bei der das Immunsystem die Schilddrüse angreift, die für viele Funktionen des Körpers verantwortlich ist. Sie ist die häufigste Ursache einer Schilddrüsenunterfunktion (Hypothyreose). Zu den Anzeichen gehören Müdigkeit, Depressionen, Kälteempfindlichkeit, Gelenkschmerzen, Verstopfung, ein geschwollenes Gesicht, blasse, trockene Haut, brüchige Nägel und mehr.

Die Diagnose stellte mein Leben auf den Kopf. Sie überwältigte, verwirrte und verunsicherte mich. Ich wusste nicht, wie wohl der Rest meines Lebens aussehen würde. Unzählige Symptome plagten mich. Ich schlief bis zu 18 Stunden am Tag, litt unter Ohnmachtsanfällen, Nahrungsmittelunverträglichkeiten, Stimmungsschwankungen, Gewichtsveränderungen und vielem mehr. Eigentlich sollte die Jugend eine lebhafte, unbeschwerte Zeit sein. Ich hingegen hatte das Gefühl, dass mein körperlicher Zustand sich verschlechterte, mein Leben außer Kontrolle geriet und ich völlig allein war. Die Schulmedizin sagte mir, dass ich nur wenig dagegen tun könne, und es schon gar nichts Ganzheitliches gäbe, was mir helfen würde. Trotz verschriebener Medikamente stellte sich nicht das richtige Gleichgewicht meines Körpers ein und nur wenig änderte sich.

Nachdem ich mehrere Jahre lang mit lähmenden Symptomen gekämpft hatte, lernte ich die Verbindung zwischen dem Darm und Autoimmunkrankheiten kennen. Ich erfuhr, dass sich meine Gesundheit möglicherweise wiederherstellen ließe – mit personalisierten Methoden der funktionellen oder alternativen Medizin, verschiedenen ärztlich verschriebenen Medikamenten und einer Ernährung nach dem Autoimmunprotokoll (AIP). Mein Arzt erklärte, dass unsere Darmgesundheit eng mit dem allgemeinen Gesundheitszustand unseres Körpers verbunden ist. Ist die Darmgesundheit beeinträchtigt, kann dies eine Autoimmunreaktion auslösen. Meine Tests offenbarten, dass mein Darm alles andere als gesund war und auch mehrere andere Aspekte meiner Gesundheit Unterstützung und Ausgleich benötigten, unter anderem mein Vitamin-, Mineralstoff- und Hormonhaushalt, meine Nebennierenschwäche und vieles mehr. Durch einen personalisierten Behandlungsplan,

z. B. mit Nahrungsergänzungsmitteln, einer neuen medikamentösen Behandlung und Lifestyle-Veränderungen wie gesunde Bewegung, erlebte ich plötzlich positive Auswirkungen in meinem Leben.

Es dauerte Jahre, bis ich mich endlich einem heilsamen Lebensstil verschrieb. Oft sagte ich mir, dass ein kleiner Bissen Pizza ja nicht schaden könne oder dass ich einfach am nächsten Montag mit der Diät beginnen würde. Für mich war es unvorstellbar, meine Lieblingsgerichte aufzugeben. Nach wöchentlichen Selbstmitleidsanfällen landete ich doch wieder an der örtlichen Tankstelle, um Süßigkeiten zu kaufen und regelrecht zu verschlingen. Es ist überflüssig zu erwähnen, dass es mir dadurch nicht besser ging. Erst als mir meine Beschwerden extreme Angst machten, konnte ich die Entscheidung treffen, nun wirklich Ernst zu machen. Endlich konnte ich meine Einstellung dahingehend ändern, dass ich nicht mehr von dem besessen war, was ich *nicht haben konnte*, sondern von dem, was ich *haben konnte*. Ich hörte auf, mich nach gekauften Keksen zu sehnen, und begann zu experimentieren und Kekse mit Zutaten zu backen, die meinem Körper zusagten. Ich bemitleidete mich nicht länger selbst, weil ich keine Liefer-Pizza essen konnte, ohne dass es mir gesundheitlich schlecht ging. Stattdessen arbeitete ich an meiner Dankbarkeit für die Lebensmittel, die für meinen Körper nahrhaft waren. Ich erkannte, dass ich mich körperlich besser fühlte, wenn ich gesündere Entscheidungen traf. Es gab haufenweise Fehltritte, und der ganze Prozess dauerte Jahre, aber letztendlich veränderte sich alles für mich.

Ich nahm einen gesunden Lifestyle an und erkannte dadurch, dass es mir Spaß machte, gesündere Versionen meiner Lieblingsspeisen aus meiner Kindheit zu kreieren, beispielsweise Chicken Nuggets und Schokokekse. Und ich fühlte mich so viel besser! In der Folge stabilisierten sich die Antikörper meiner Schilddrüse, meine Symptome ließen nach. Das motivierte mich, eine Ausbildung zur Ernährungstherapeutin zu machen und meine Geschichte und meine Rezepte auf meinem Blog UnboundWellness.com zu veröffentlichen. Auch wenn sich meine Gesundheit verbessert hat, so ist meine Heilung noch lange nicht abgeschlossen. Seit bei mir Hashimoto diagnostiziert wurde, musste ich mich mit zahlreichen Darmproblemen, Nahrungsmittelunverträglichkeiten, mit Quecksilbervergiftung, Östrogendominanz und Zwangsstörungen auseinandersetzen. Durch meinen Lebensstil, meine Lebensperspektive und meine Ernährung bin ich besser gerüstet, mit diesen gesundheitlichen Herausforderungen umzugehen.

Vor allem habe ich mir ein Herz der Dankbarkeit für all die erstaunlichen Dinge bewahrt, mit denen Gott mich in meinem Leben beschenkt hat. Selbst in den dunkelsten Zeiten half mir dieser Glaube auf meinem Heilungsweg weit mehr als aller Grünkohl der Welt!

SPASS AN GESUNDER ERNÄHRUNG

Als ich mit einer Heildiät begann, war das für mich das genaue Gegenteil von Spaß. Deshalb dauerte es auch so lange, bis ich mich dazu entscheiden konnte. Aber dadurch war ich auch um Jahre länger krank, als ich es hätte sein müssen. Wie sollte ich denn *Spaß* am Essen haben, wenn ich auf Weihnachtsplätzchen, Waffeln am Sonntagmorgen oder ein herzhaftes Chili an einem kühlen Herbsttag verzichten musste? Gab es wirklich nicht mehr als *nur* Grünkohl und Hühnchen zu *jeder einzelnen Mahlzeit*? Ich begann also über all meine Lieblingsgerichte nachzudenken (und für mich als große Feinschmeckerin gab es

viele davon). Ich fragte mich, was ich tun könnte, um diese Gerichte so anzupassen, dass sie allergenfrei und AIP-freundlich wären. Nach vielen Versuchen und Fehlschlägen in der Küche fanden sich in meiner Diät langsam wieder die von mir geliebten Speisen ein, die Freude machen und guttun. Es stellte sich heraus, dass ich keinen Rohrzucker, kein Weißmehl oder geriebenen Käse brauchte – gesunde Zutaten wie gesunde Fette, Proteine, Gemüse und Früchte waren alles, was nötig war! Mehr braucht man wirklich nicht, um klassische Gerichte zuzubereiten, die die ganze Familie lieben wird.

Um genau diese Gerichte geht es in diesem Kochbuch. Ich habe die folgenden Rezepte kreiert, damit Sie Ihre Lieblingsspeisen wieder genießen können – jedoch ohne die entzündungsfördernden Zutaten, die die Heilung verzögern. Comfort Food kann nährstoffreiche Zutaten enthalten und gleichzeitig köstlich sein. Mit diesen Rezepten können Sie Ihre alten Favoriten genießen und mit ihnen gesund werden. Haben Sie einfach wieder Spaß bei der Planung eines Spieleabends mit Kochbananenchips (Seite 86) und Queso Blanco (Seite 54). Feiern Sie Ihren Geburtstag mit dem Schokoladen-Geburtstagskuchen mit Granatapfelglasur (Seite 176) und die nächsten Feiertage mit Geröstetem Pastinakenpüree (Seite 159). Oder verwöhnen Sie sich bei einem Frühstück im Bett mit Blaubeerwaffeln (oder Hühnchen- und Waffel-Sandwiches, wenn Ihnen eher nach etwas Pikantem ist!) und einem gemütlichen Abendessen im Bett mit dem Thunfisch-Zoodle-Auflauf (Seite 148).

KAPITEL 1

ÜBER DAS AUTOIMMUN-PROTOKOLL

Als bei mir im Teenageralter Hashimoto diagnostiziert wurde, war die Ernährung das Letzte, woran ich dachte. Ich dachte, die Müdigkeit, der Brain Fog und die Gewichtsveränderungen seien eine lebenslängliche Strafe, und es gäbe so gut wie nichts, was ich dagegen tun konnte. Erst als ich die Welt der heilenden Ernährung entdeckte – zunächst die glutenfreie Ernährung, dann die Paläo-Diät und schließlich das Autoimmunprotokoll –, erlebte ich enorme gesundheitliche Verbesserungen. Falls Sie an irgendeiner Autoimmunerkrankung leiden (nicht nur an Hashimoto), kann dieses Protokoll der Durchbruch für Sie sein. Das AIP wurde entworfen, um Entzündungen im Allgemeinen zu verringern, damit der Körper heilen kann.

Autoimmunität bedeutet kurz gesagt, dass der Körper sich selbst angreift, als wäre er ein fremder Eindringling. Abhängig von der jeweiligen Autoimmunkrankheit kommt dies auf unterschiedliche Weise zum Ausdruck. Entzündungsfördernde Lebensmittel verschlimmern die Entzündung, die unser Körper bereits durchmacht, und können die Heilung verlangsamen, indem sie das Feuer weiter anfachen.

Die Ernährung ist zwar nicht das einzige Puzzleteil bei Autoimmunität und chronischen Krankheiten, aber sie spielt dabei eine große Rolle, wie auch bei der Gesundheit im Allgemeinen. Das AIP und die Community gesundheitsbewusster, ganzheitlicher Menschen öffneten mir die Augen für eine neue Art zu leben: Ich begann mit der neuen Ernährung, konzentrierte mich auf besseren Schlaf, verringerte mein Stressniveau und förderte einen gesunden Lifestyle. Diese Dinge halfen mir, meine Gesundheit erheblich zu verbessern und zu erhalten. Aber womit lässt sich am besten beginnen? Wie können Sie immer noch ein Leben in Fülle leben, wenn Sie auf einige Ihrer Lieblingslebensmittel verzichten?

AUTOIMMUNITÄT AUF DEM VORMARSCH

Die National Institutes of Health (NIH)[1] schätzen, dass bis zu 23,5 Millionen Amerikaner an Autoimmunerkrankungen leiden und die Prävalenz steigt. Nach Angaben der Forschungsorganisation American Autoimmune Related Diseases Association (AARDA) liegt die Zahl jedoch näher bei 50 Millionen, da die NIH nur vierundzwanzig Krankheiten (also längst nicht alle der zahlreichen Autoimmunkrankheiten) erfasst, für die gute epidemiologische Studien vorliegen.

In Deutschland wird nach unterschiedlichen Schätzungen von 5 bis 8 Millionen Erkrankten ausgegangen.

Wie wir gelernt haben, greift der Körper bei einer Autoimmunität sich selbst an, als wäre er ein fremder Eindringling. Bei Hashimoto greift das Immunsystem die Schilddrüse an, bei rheumatoider Arthritis die Gelenke, und so weiter.

Dennoch ist die Autoimmunität bei keinen zwei Menschen gleich und es sind verschiedene Risikofaktoren beteiligt. Einige der häufigsten sind die folgenden:

- Genetische Veranlagung
- Durchlässigkeit des Darms (gekennzeichnet durch die Beschädigung der sogenannten Tight Junctions in der Darmschleimhaut. Dadurch gelangen potenziell schädliche Substanzen in den Rest des Körpers und rufen eine überaktive Immunreaktion und eine Schädigung des Immunsystems im Inneren des Darms hervor.)
- Physische oder emotionale Stressfaktoren (z. B. belastende Lebensereignisse, Infektionen usw.)

Obwohl es *keine* Heilung für Autoimmunität gibt und eine Linderung der Symptome nicht über Nacht möglich ist, können diese jedoch mit einem ausgewogenen Verhältnis von schulmedizinischen und ganzheitlichen Heilmethoden wirksam behandelt werden:

- Einzelbetreuung mit einem medizinischen Berater (z. B. Arzt für funktionelle Medizin, Heilpraktiker) und ein maßgeschneidertes Behandlungsprotokoll
- Bekämpfung der zugrunde liegenden Infektionen, Nährstoffungleichgewichte usw.
- Schlaf und erholsame Lebensweise
- Personalisiertes Training
- Stärkung durch die Community
- Positive Veränderungen im Denken
- Spirituelle Praktiken
- Individuelle Heildiät

---

[1] Gesundheitsforschungsinstitute innerhalb des US-amerikanischen Gesundheitsministeriums

EIN GENAUERER BLICK AUF DIE HEILENDE ERNÄHRUNG

Heilung nur durch die Ernährung? Ist es wirklich so einfach? Ja und nein. Ja, denn Lebensmittel haben einen erheblichen Einfluss auf unsere allgemeine Gesundheit und unser Wohlbefinden. Die Lebensmittel, die wir zu uns nehmen, können dazu beitragen, unsere Gesundheit zu verbessern und wiederherzustellen. Nein, weil es für gute Gesundheit mehr braucht als nur gesunde Ernährung. Es geht um unsere Einstellung, unseren Lebensstil und um noch mehr, wie wir später noch sehen werden. Zunächst beginnen wir aber mit den Lebensmitteln.

Es stimmt tatsächlich: Wir sind, was wir zu uns nehmen. Gesunde Fette können Entzündungen reduzieren und das Risiko für ernsthafte Erkrankungen, beispielsweise Krebs, senken. Die Mineralstoffe im Eiweiß sind für die Knochengesundheit von wesentlicher Bedeutung. Die Nährstoffe im Gemüse bilden die Grundlage für unsere allgemeine Gesundheit und Lebendigkeit. Die Mehrheit der Lebensmittel, die wir konsumieren, sollten also gesundheitsfördernde Vollwertnahrungsmittel in ihrer natürlichen Form sein, denn sonst gefährden wir unter Umständen unsere Gesundheit.

Jede bietet die Möglichkeit, unseren Körper mit kräftigenden Lebensmitteln zu nähren, damit er gedeihen kann. Bedenkt man, dass wir mindestens dreimal pro Tag Nahrung zu uns nehmen – und zwar an jedem einzelnen Tag unseres Lebens –, dann sind das *sehr viele* Möglichkeiten, um positive Entscheidungen für unsere Gesundheit und unser Wohlbefinden zu treffen.

WIE FUNKTIONIERT DAS AUTOIMMUNPROTOKOLL?

Das Autoimmunprotokoll (AIP) ist im Grunde eine Diätleitlinie. Sie wurde für

LEBENSMITTEL, DIE SIE GENIESSEN DÜRFEN

Folgende gesundheitsfördernden Lebensmittel dürfen täglich verzehrt werden.

GEMÜSE

Artischocken
Rucola
Spargel
Rüben
Pak Choi
Brokkoli
Rosenkohl
Weißkohl
Karotten
Blumenkohl
Sellerie
Mangold
Kohl
Fenchel
Knoblauch
Ingwer
Jicama
Grünkohl
Porree
Kopfsalat
Pilze
Zwiebeln
Pastinaken
Rettich
Steckrüben
Spinat
Kürbis
Süßkartoffeln
Zucchini

HEILENDE SUPERFOODS

Nahrungsmittel wie Knochenbrühe und Kollagenpulver sind voller Mineralien und Kollagen, die zu einem gesunden Darm und starken Gelenken führen. Fermentierte Lebensmittel enthalten nützliche Bakterien, die ein gesundes Immunsystem fördern.

Rote-Bete-Kwas
Knochenbrühe (Rind, Huhn, Fisch oder Lamm)
Kollagenpulver (Gelatinepulver)
Sauerkraut und weiteres fermentiertes Gemüse (Sie können fast alle Gemüsesorten fermentieren)
Lebensmittel wie Wasserkefir oder Kokoskefir, Kokosjoghurt usw.

FLEISCH AUS FREILANDHALTUNG & FISCH AUS WILDFANG

Rind
Bison
Huhn
Krabben
Ente
Lamm
Innereien
Schwein
Lachs
Sardinen
Muscheln
Garnelen
Forelle
Thunfisch

GESUNDE FETTE

Tierische Fette
Avocado
Kokosbutter
Kokosöl
Olivenöl
Palmöl

FRÜCHTE

Während raffinierter Zucker ein bekannter Entzündungsfaktor ist, enthält natürlicher Zucker aus Früchten auch Ballaststoffe und Phytonährstoffe, die in raffiniertem weißem Zucker nicht vorhanden sind.

Äpfel
Bananen
Brombeeren
Heidelbeeren
Preiselbeeren
Grapefruit
Zitronen
Limetten
Mangos
Melonen
Orangen
Pfirsiche
Himbeeren
Erdbeeren
Wassermelonen

KRÄUTER & GEWÜRZE

Kräuter und Gewürze fügen den Rezepten zusätzliche Nährstoffe und Geschmack hinzu, ohne unerwünschten Zucker oder Salz.

Basilikum
Lorbeer
Schnittlauch
Zimt
Dill
Knoblauch
Ingwer
Meerrettich
Lavendel
Petersilie
Rosmarin
Salbei
Thymian
Kurkuma

BACKZUTATEN & SÜSSSTOFFE

Obwohl diese Zutaten in Maßen genossen werden sollten, stammen sie aus vollwertigen Nahrungsquellen, die mit dem Autoimmunprotokoll konform und schonender für den Körper sind als herkömmliche Desserts mit raffiniertem Zucker.

Pfeilwurzelstärke
Carob
Maniokmehl
Kokosmehl
Kokoszucker
Ahornsirup/-zucker
Melasse
Tapiokastärke
Erdmandelmehl

ZU VERMEIDENDE LEBENSMITTEL

Diese Nahrungsmittel können Entzündungen verschlimmern und dadurch die Heilung verlangsamen. Obwohl einige von ihnen in Zukunft wieder eingeführt werden können, sollten sie am besten für einen Zeitraum von mindestens dreißig Tagen während des Protokolls vermieden werden.

SÄMTLICHE GETREIDE, GLUTEN & PSEUDOGETREIDE

Amaranth
Gerste
Buchweizen
Bulgur
Mais
Hirse
Hafer
Quinoa
Reis
Roggen
Sorghum-Hirse
Dinkel
Weizen

MILCHPRODUKTE

Milch führt sehr häufig zu einer Unverträglichkeit, und die Proteine in Milchprodukten können die Darmschleimhaut schädigen.

Butter
Käse
Sahne
Ghee
Milch
Joghurt

HÜLSENFRÜCHTE

Hülsenfrüchte enthalten Saponine, die der Darmgesundheit schaden können.

Adzuki-Bohnen
Schwarze Bohnen
Augenbohnen
Limabohnen
Kichererbsen
Grüne Bohnen
Kidneybohnen
Linsen
Weiße Bohnen
Erdnüsse
Erbsen
Pintobohnen
Rote Bohnen
Sojabohnen

EIER

Alle Eier

NACHTSCHATTENGEWÄCHSE

Tomaten, Kartoffeln, Auberginen, alle Paprikaschoten, alle roten Gewürze und Gojibeeren gehören zur Familie der Nachtschattengewächse.

Alle Paprikaschoten (süß und scharf)
Auberginen
Gojibeeren
Physalis
Paprika
Kartoffeln
Tomatillos
Tomaten

NÜSSE & SAMEN

Mandeln
Paranüsse
Raps (Rapssamen)
Cashews
Kastanien
Chiasamen
Kakao
Kaffee
Haselnüsse
Hanfsamen
Pinienkerne
Pistazien
Mohnsamen
Kürbiskerne
Färberdistelsamen
Sesamsamen
Walnüsse

GEWÜRZE AUS SAMEN

Schwarzer Pfeffer
Nelke
Koriander
Kreuzkümmel
Bockshornklee
Senfsamen
Muskatnuss

RAFFINIERTE ZUCKERARTEN & ZUSATZSTOFFE

Rohrzucker
Carrageen
Guarkernmehl
Mononatriumglutamat (MNG)
Nitrate/Nitrite
Sulfate/Sulfite
Xanthan-Gummi

Menschen entwickelt, die Autoimmunerkrankungen heilen möchten, indem sie den Körper mit echten, vollwertigen Lebensmitteln versorgen und gleichzeitig entzündungsfördernde von ihrem Speiseplan streichen. Eine im Jahr 2017 durchgeführte Studie, die im wissenschaftlichen Fachmagazin *Inflammatory Bowel Diseases* (IBD – dt.: Chronisch-entzündliche Darmerkrankungen) veröffentlicht wurde, zeigt, dass das AIP während eines sechswöchigen Untersuchungszeitraums, gefolgt von einer fünfwöchigen Erhaltungsphase, die Symptome von chronisch entzündlicher Darmerkrankung verbesserte und die Entzündung bei Patienten reduzierte. Tausende von Menschen, darunter auch meine Wenigkeit, schwärmen in Online-Communitys von dessen Wirksamkeit!

Die AIP-Diät ist so konzipiert, dass sie mindestens dreißig Tage lang eingehalten wird (obwohl die meisten sie länger befolgen), zusammen mit positiven Alltagspraktiken und der Betreuung durch einen Arzt oder Heilpraktiker.

Nachdem Ihre Symptome merklich abgeklungen sind, führen Sie langsam wieder weitere Lebensmittel ein – eins nach dem anderen – und achten dabei auf die Reaktionen Ihres Körpers. Wenn die Wiedereinführung eines Lebensmittels erfolgreich ist, wird es wieder in Ihre Ernährung aufgenommen. Falls sie fehlschlägt, meiden Sie dieses Nahrungsmittel zukünftig oder Sie wagen später einen weiteren Wiedereinführungsversuch.

Warum funktioniert das AIP?
Während Ihre Symptome oder Probleme im Zusammenhang mit einer Autoimmunerkrankung individuell sind, sind entzündungsfördernde Lebensmittel grundsätzlich für alle schädlich. Dies gilt insbesondere für Menschen mit einer Autoimmunerkrankung, die mit einer übermäßigen Entzündung zu kämpfen haben.

Diese Diät ermöglicht es Ihrem Immunsystem also, eine Pause im Umgang mit entzündungsfördernden Lebensmitteln wie Getreide, Milchprodukten und Nachtschattengewächsen einzulegen, indem auf diese Lebensmittel verzichtet wird. Somit kann sich die Entzündung potenziell beruhigen. Wenn sich das Immunsystem beruhigt, geben wir unserem Körper die Möglichkeit, sich zu heilen. Die nahrhaften Lebensmittel aus dem Autoimmunprotokoll geben dem Körper die nötigen Vitamine, Mineralien und Nährstoffe, um ihn beim Heilungsprozess zu unterstützen.

Erfolg mit dem Autoimmunprotokoll
Die Liste der zu meidenden Lebensmittel kann etwas überwältigend sein, aber keine Panik! Mit dem richtigen Aktionsplan können auch Sie Erfolg haben! Und so geht's:

- **Im Voraus planen.** Wenn es um große Ernährungsumstellungen geht, ist mangelnde Planung gleichbedeutend mit Planlosigkeit. Alles, was man braucht, sind ein paar Minuten pro Woche, um sich hinzusetzen und zu überlegen, was man essen will, eine Einkaufsliste zu erstellen und einen Plan zu machen, wie man im Voraus kochen kann. Wenn Sie sich jeden Sonntag Zeit nehmen, um einige Hauptgerichte vorzubereiten, können Sie die ganze Woche über Stunden in der Küche sparen! Es braucht Zeit, bis man sich an das Vorausplanen gewöhnt hat, aber es ist die Mühe wert. Dieses Kochbuch listet zum Vorkochen geeignete Mahlzeiten auf, die Sie die ganze Woche über servieren können.

- **Arbeiten Sie eng mit Ihrem Arzt oder Heilpraktiker zusammen.** Es ist von entscheidender Bedeutung, während der gesamten Heilungsreise die Unterstützung eines Gesundheitsdienstleisters zu haben. Das kann ein Arzt für funktionelle

Medizin, ein Naturheilpraktiker, ein ganzheitlicher Chiropraktiker oder ein anderer Experte sein. Lebensmittel sind ein mächtiges Instrument, aber sie haben auch ihre Grenzen. Wir brauchen individuelle medizinische Einzelbetreuung, um tief verwurzelte Infektionen, Ungleichgewichte und andere Gesundheitsprobleme anzugehen.

- **Beobachten Sie Ihre Symptome und notieren Sie medizinische Veränderungen.** Allzu oft bemerken wir die alltäglichen Veränderungen nicht, wenn wir sie nicht aufschreiben! Führen Sie ein Tagebuch, um täglich Ihre Hauptsymptome zu verfolgen. Vielleicht werden Sie von den Veränderungen, die Sie beobachten, überrascht sein – sie zeigen Ihnen Ihre Fortschritte auf.

- **Denken Sie daran: Es geht nicht nur um die Lebensmittel.** Sie müssen sich auch mit weiteren Faktoren befassen. Neben der Zusammenarbeit mit einem Mediziner zur Bekämpfung der Ursachen sind positive Veränderungen der Lebensweise, wie z. B. genügend Bewegung und Schlaf, Stress zu reduzieren und das eigene Denken anzupassen, ebenfalls entscheidend für den langfristigen Erfolg!

- **Erlauben Sie sich, Spaß zu haben.** Ich weiß, dass dieser Prozess entmutigend erscheint. Dieser Gedanke hat mich sehr lange zurückgehalten. Aber das muss nicht sein. Dieses Protokoll enthält eine Fülle von Lebensmitteln, die Sie lieben. Nutzen Sie dieses Kochbuch und andere Ressourcen, damit die Dinge interessant bleiben und um gleichzeitig das AIP in Ihr Leben zu integrieren!

WIEDEREINFÜHRUNG VON LEBENSMITTELN

Das AIP ist nicht für die Ewigkeit gedacht. Vielmehr gibt es Ihrem Körper Zeit, zu heilen und in Zukunft möglicherweise bestimmte Nahrungsmittel besser zu vertragen.

Obwohl der Prozess bei jedem Menschen unterschiedlich verläuft, beginnen viele im Allgemeinen mit der Wiedereinführung von Lebensmitteln, nachdem sie das AIP mindestens dreißig Tage lang befolgt haben. Sobald Sie und Ihr medizinischer Betreuer einen Rückgang der Symptome und eine Verbesserung Ihres Gesundheitszustands feststellen, können Sie damit loslegen. Wenn eine Wiedereinführung nicht erfolgreich ist und Sie ein Aufflackern der Symptome erleben, kann das ein Zeichen dafür sein, dass Sie noch weitere Heilung brauchen. Es ist jedoch auch möglich, dass einige Lebensmittel nie vollständig wieder eingeführt werden können. Möglicherweise treten nach einer Wiedereinführung eines oder mehrere der folgenden Symptome auf:

- Verdauungsstörungen
- Müdigkeit
- Kopfschmerzen
- Nesselsucht, Hautausschläge oder Hitzewallungen
- Gelenkschmerzen
- Stimmungsschwankungen
- Schlafstörungen

Die Phasen der Wiedereinführung

In den Wiedereinführungsphasen werden die Lebensmittel in der Reihenfolge von am wenigsten entzündungsfördernd bis am meisten entzündungsfördernd wieder eingeführt. Es gibt keinen Standard dafür, wie lange jede Phase dauert, und jeder führt den Wiedereinführungsprozess in seinem eigenen Tempo durch. Jedes Lebensmittel, das Sie nach und nach erfolgreich und ohne Begleitsymptome wieder in Ihre Ernährung integrieren, kann dann wieder regulärer Bestandteil Ihrer Ernährung werden. Treten dabei schlimme Reaktionen und Symptome auf, ist es natürlich am besten, sich wieder auf die heilenden Lebensmittel zu konzentrieren, wie beispielsweise Knochenbrühe, Wasser, gemüsereiche Mahlzeiten und fermentierte Lebensmittel. Geben Sie Ihrem Körper Zeit, sich auszuruhen und zu erholen, ehe sie weitere Wiedereinführungen vornehmen.

Befolgen Sie folgende Vorgehensweise, um potenziell entzündungsfördernde Nahrungsmittel wieder wirksam in Ihre Ernährung aufzunehmen:

1. Beginnen Sie mit den Lebensmitteln aus Phase 1 (s. nachstehend).
2. Führen Sie jeweils nur ein Lebensmittel wieder ein (also nicht mehrere Lebensmittel gleichzeitig) und warten Sie drei Tage, um eine Reaktion messen zu können.
3. Notieren Sie Ihre Reaktionen in Ihrem Lebensmittel-Tagebuch. Achten Sie auf Reaktionen wie Kopfschmerzen, Stimmungsschwankungen, Hautveränderungen, Müdigkeit, Blähungen usw.
4. Nehmen Sie Lebensmittel, die funktionieren, in Ihren regelmäßigen Speiseplan auf und vermeiden Sie solche, die nicht funktionieren.
5. Wiederholen Sie den Prozess mit dem nächsten Lebensmittel.

DAS LEBEN NACH DEM AIP

Das AIP ist als kurzfristiges Heilungsprotokoll konzipiert. Das Leben nach dem AIP sollte jedoch nach wie vor die gleichen Prinzipien einer gesunden Lebensweise beinhalten, d. h. Verzehr hochwertiger Vollwertkost, Zusammenarbeit mit einem Arzt, Selbstpflegepraktiken und so weiter.

Viele Menschen, die die Diät beenden und positive Auswirkungen auf ihre Gesundheit erfahren, genießen trotzdem weiterhin die leckeren AIP-Rezepte, führen regelmäßig AIP-Neustarts durch und bleiben der AIP-Community treu, um Unterstützung zu erfahren und zu geben.

DIE VIER PHASEN

PHASE 1 LEBENSMITTEL
Eigelb
Ghee von Tieren aus Weidehaltung
Hochwertige Samen- und Nussöle (Sesamöl, Mandelöl usw.)
Hülsenfrüchte (Erbsen und grüne Bohnen)
Gewürze aus Samen

PHASE 2 LEBENSMITTEL
Alkohol (in kleinen Mengen)
Eiweiß
Butter von Tieren aus Weidehaltung
Nüsse (Mandeln, Paranüsse, Haselnüsse, Macadamianüsse, Pekannüsse, Walnüsse)
Samen

PHASE 3 LEBENSMITTEL
Paprika
Cashews
Kaffee
Auberginen
Fermentierte Milchprodukte
Sahne aus Weidehaltung
Paprika (Gewürz)
Pistazien

PHASE 4 LEBENSMITTEL
Chilischoten
Käse von Tieren aus Weidehaltung
Milch von Tieren aus Weidehaltung
Gewürze aus Nachtschattengewächsen (Cayenne, Curry, rote Paprikaflocken)
Kartoffeln
Eingeweichte und gekeimte Körner
Eingeweichte und gekeimte Hülsenfrüchte
Tomaten
Weißer Reis

Ich meide immer noch die meisten Getreidesorten sowie alle Nachtschattengewächse und bestimmte andere Nahrungsmittel. Dies bietet mir auf lange Sicht erstaunliche gesundheitliche Vorteile. Betrachten Sie dieses Kochbuch nicht nur als ein 30-Tage-Protokoll, sondern als Teil einer gesunden Ernährung für das ganze Leben.

LEITFADEN ZU KOCHBUCH-ZUTATEN

Der Einkauf neuer und unbekannter Zutaten kann eine Herausforderung sein. Dieser Abschnitt gibt Ihnen weitere Einblicke in die Zutaten, die in diesen Rezepten verwendet werden.

Sardellen Es sollten Sardellen verwendet werden, die in Olivenöl oder Wasser eingelegt sind und somit keine Saatenöle enthalten.

Pfeilwurzelstärke Auch als Pfeilwurzelmehl bekannt, wird diese Stärke aus einem tropischen Wurzelgemüse gewonnen. Pfeilwurzelstärke eignet sich hervorragend zum Backen und kann oft durch Tapiokastärke ersetzt werden.

Artischockenherzen Artischockenherzen werden oft mit Zitronensäure konserviert. Achten Sie daher auf solche ohne Zitronensäure oder auf gefrorene Artischockenherzen.

Rindertalg Rindertalg ist geschmolzenes Rinderfett und kann zu Hause hergestellt oder auf Bauernmärkten und in Reformhäusern gekauft werden.

Maniokmehl Maniokmehl wird aus der Yucca-Pflanze gewonnen und ist online oder in vielen Geschäften erhältlich.

Kokos-Aminos Verwenden Sie diese als Ersatz für Sojasauce. Selbst glutenfreie Sojasauce basiert dennoch auf Soja, sodass sie nicht AIP-konform ist. Sie können diese Zutat online und in den meisten Reformhäusern finden.

Kokosbutter Auch bekannt als Kokos-Creme-Konzentrat oder Kokos-Mana, unterscheidet sich Kokosbutter von Kokosöl. Kokosbutter hat eine cremigere Textur und enthält das Fleisch der Kokosnuss. Sie finden sie in den meisten Lebensmittelgeschäften in der Nussbutterabteilung.

Kokoscreme Man kann sie kaufen oder einfach selbst zubereiten, indem man vollfette Kokosmilch über Nacht in den Kühlschrank stellt und dann die oben auf der Milch fest gewordene Masse verwendet.

Kokosmehl Dies ist eine häufige Zutat beim AIP-Backen, die nicht so leicht ersetzt werden kann. Die kokosfreien Rezepte sind in diesem Buch gekennzeichnet, und ich würde nicht empfehlen, stattdessen einfach andere Mehle zu verwenden, da es nicht eins zu eins ausgetauscht werden kann.

Kokosmilch Wenn Sie fertige Kokosmilch kaufen, lesen Sie die Zutatenliste und vermeiden Sie Verdickungsmittel und alles, was »Gummi« im Namen trägt.

Kokoszucker Dieser unverarbeitete Zucker eignet sich hervorragend für Backwaren! Sie können ihn in den meisten Geschäften finden.

Kollagen Bei Kollagen handelt es sich um ein Strukturprotein, das aus Knochen, Gelenken und Haut von Tieren gewonnen wird. Es verleiht Rezepten ein Extra an Protein und wirkt sich positiv auf die Heilung von Darm und Gelenken aus.

Gelatine Gelatine ist ein Abbauprodukt aus Kollagen und kann als Ei-Ersatz verwendet werden, beispielsweise im Rezept Orangen-Kurkuma-Gummis (Seite 180).

Honig Versuchen Sie, lokalen, rohen Honig und somit ein bestmögliches Qualitätsprodukt zu finden. Wenn Sie es vorziehen, ersetzen Sie Ahornsirup im Verhältnis 1:1.

Meerrettich Meerrettich ist eine großartige Möglichkeit, ohne Nachtschattengewächse zu würzen! Sie können Meerrettichpulver online kaufen.

Ahornsirup Ich liebe es, Ahornsirup in Backwaren zu verwenden. Oftmals kann er im Verhältnis 1:1 durch Honig ersetzt werden.

Matcha-Pulver Matcha ist ein Grünteepulver, das eine schöne grüne Farbe ergibt. Sie können durch die Verwendung von Culinary Matcha zum Kochen Geld sparen, wenn Sie ihn nur wegen der Farbe verwenden, aber er eignet sich auch hervorragend als kaltes oder heißes Teegetränk.

Hefeflocken Hefeflocken verleihen Rezepten wie Blumenkohl »Mac & Cheese« (Seite 86) einen leckeren Käsegeschmack. Sie sind in Reformhäusern und online erhältlich.

Palmfett Palmfett unterscheidet sich vom Palmöl und verleiht Rezepten wie der Glasur für Lebkuchenplätzchen (Seite 163) oder Minz-Chip-Brownies (Seite 175) und Backwaren eine kuchenartige Textur. Kokosöl ist kein guter Ersatz, da es eine andere Textur ergibt. Achten Sie darauf, nachhaltiges Palmfett zu kaufen.

Kochbananen Kochbananen ähneln Bananen, können aber nicht 1:1 ersetzt werden. Grüne Kochbananen sind stärkehaltiger, gereifte gelb-schwarze Kochbananen sind süßer und werden für Backwaren verwendet. Kochbananen finden Sie in vielen Naturkostläden und lateinamerikanischen Lebensmittelgeschäften.

Süßkartoffeln Es sind verschiedene Sorten von Süßkartoffeln erhältlich, und etliche davon werden in diesem Kochbuch verwendet. Jedes Rezept vermerkt die verwendete Sorte sowie ggf. einen Ersatz.

Tapiokastärke Tapiokastärke wird aus der Yucca-Pflanze gewonnen und in Backwaren verwendet. Obwohl sie in Backwaren oft 1:1 durch Pfeilwurzelstärke ersetzt werden kann, würde ich sie nicht in herzhaften Mahlzeiten einsetzen, da sie eine gummiartige Textur erzeugen kann.

Erdmandeln Erdmandeln sind keine Nüsse, sondern Knollen! Erdmandelmehl hat eine ähnliche Textur wie Mandelmehl, besitzt aber etwas mehr Stärke. Somit eignet es sich gut für Backwaren. Sie können Erdmandeln und Erdmandelmehl online oder in vielen Reformhäusern finden.

LEITFADEN FÜR GERÄTE & KOCHGESCHIRR

Das Einführen neuer Rezepte in Ihre Routine kann oft bedeuten, dass Sie neue Geräte und Kochutensilien anschaffen müssen. Der Großteil des Kochgeschirrs in diesem Abschnitt gehört in den meisten Küchen zum Standard. Sie müssen jedoch nicht jedes einzelne Stück kaufen, um die Gerichte erfolgreich kochen zu können. Gehen Sie in Ihrem Tempo vor und fügen Sie neue Artikel langsam hinzu.

Backblech Auch als Kuchenblech bekannt. Es macht Sinn, ein paar davon anzuschaffen, damit Sie mehrere Gerichte auf einmal zubereiten können. Edelstahl oder Keramik sind beides großartige Optionen.

Auflaufformen und eine Brownie-Form Auflaufformen aus Keramik sind ein Muss für die Zubereitung klassischer Rezepte wie den Sloppy-Joe-Auflauf (Seite 106) und den Thunfisch-Zoodle-Auflauf (Seite 148). Eine 23 × 33 cm große Auflaufform eignet sich am besten für große Aufläufe, aber auch kleinere Formate sollten vorhanden sein, wenn Sie kleinere Portionen zubereiten möchten. Eine Brownie-Form von 20 × 20 cm kann auch für Aufläufe sowie für Dessertriegel und Brownies verwendet werden.

Seihtuch Das Seihtuch ist kostengünstig, da es wiederverwendbar ist und in Rezepten wie Kokos-Joghurt (Seite 31) verwendet wird. Außerdem kann es zum Abtropfen von gedünstetem Gemüse verwendet werden.

Küchenmaschine Eine Küchenmaschine ist nützlich für das Zerkleinern von Gemüse wie Zucchini und Süßkartoffeln. Wenn Sie Zerkleinern, aber nicht Pürieren möchten, eignet sich eher die Verwendung einer Küchenmaschine statt eines Mixers, da beide unterschiedliche Ergebnisse liefern.

Vorratsbehälter aus Glas Wenn es um die Lagerung von Lebensmitteln geht, sind Kunststoffe nicht die bevorzugte Wahl, da sie schädliche Chemikalien in unsere Nahrung eindringen lassen können. Entscheiden Sie sich für Glas, um Lebensmittel sicherer zu lagern.

Elektrischer Milchaufschäumer Das ist das Geheimnis, um jedes Mal ein perfektes Gelatine-Ei herzustellen! Sie können elektrische Milchaufschäumer online für € 10 oder weniger finden.

Hochleistungsmixer Ein Hochleistungsmixer ist hilfreich bei der Herstellung von Suppen und Soßen.

Pürierstab Dieses Werkzeug eignet sich hervorragend, um schnell Suppen oder Soßen zu pürieren.

Messer und weitere Kochutensilien Mit einem guten Kochmesser kann man viel erreichen. Ich empfehle auch einen Pfannenwender aus rostfreiem Stahl, eine Suppenkelle, einen großen Kochlöffel, einen Schneebesen, einen Servierlöffel und eine Küchenschere.

Gemüsehobel Er eignet sich hervorragend zur Herstellung von Chips! Sie können auch ein scharfes Messer verwenden, falls kein Gemüsehobel vorhanden ist. Ein Gemüsehobel führt aber letztendlich zu einem gleichmäßig geschnittenen Endprodukt. Sie werden online verkauft und sind oft in der Küchenabteilung von Geschäften zu finden.

Fleischthermometer Ein Fleischthermometer ist unerlässlich, um sicherzustellen, dass Ihr Fleisch jedes Mal perfekt gegart ist. Digitale Fleischthermometer sind preiswert und online und in vielen Geschäften leicht erhältlich.

Rührschüsseln Ich empfehle, unterschiedliche Größen von Rührschüsseln aus Glas vorrätig zu haben.

Nussmilchbeutel Nussmilchbeutel sind preiswert und unglaublich praktisch. Sie eignen sich hervorragend zum Abseihen von überschüssigem Wasser aus gedünstetem Gemüse und zur Herstellung von Kokosmilch. Sie können sie online und oft auch in Reformhäusern kaufen. Natürlich können Sie auch Seihtücher für viele Rezepte verwenden, die einen Nussmilchbeutel erfordern.

Pergamentpapier (ungebleicht) Ungebleichtes Pergament ist unbehandelt und fürs Kochen sicherer als gebleichtes.

Töpfe und Pfannen Bei Kochgeschirr empfehle ich immer gusseiserne Pfannen und wenn möglich auch emaillierte Schmortöpfe. Sie lassen sich leicht reinigen und sind eine sicherere Option als Antihaftbeschichtung. Beachten Sie, dass nicht beschichtetes Gusseisen nicht für Rezepte empfohlen wird, die viel Säure enthalten, wie z. B. von einer Zitrone,

Limette oder Tomate. Edelstahl ist eine weitere gute Option für Kochgeschirr.

Schongarer Ein Schongarer oder ein elektrischer Schnellkochtopf mit einer Schongarfunktion ist eine großartige Ergänzung Ihrer Küche, um beim Kochen Handgriffe einzusparen.

Spiralschneider Diese Werkzeuge eignen sich perfekt für die Herstellung von Gemüsespätzle wie z. B. für Thunfisch-Zoodle-Auflauf (Seite 148) und Bolognese mit Zucchini-Nudeln (Seite 105). Ich empfehle dringend, in einen größeren Spiralschneider mit mehreren Klingenoptionen zu investieren, damit Sie verschiedene Nudelsorten herstellen können.

Waffelmaschine Es gibt unzählige Waffelmaschinen auf dem Markt, die für die Herstellung von Blaubeerwaffeln (Seite 28) oder Hühnchen- und Waffelsandwiches (Seite 127) funktionieren. Jede Waffelmaschine ist anders, daher ist etwas Übung nötig, um perfekte Waffeln herzustellen.

EINIGE ANMERKUNGEN ZU ...

Für den Erfolg eines jeden Rezepts und des Protokolls ist es grundsätzlich wichtig, dass Sie diese Ihrem Geschmack und Ihrer Küche anpassen.

Garzeiten Garzeiten variieren von Herd zu Herd. Wenn Sie zum ersten Mal ein Rezept ausprobieren, sollten Sie darauf achten, dass nichts anbrennt, zu lang oder zu kurz gart. Ich stelle meinen Timer oft auf 5 bis 8 Minuten weniger als die vorgeschlagene Garzeit ein, um die Garzeit für meinen eigenen Ofen oder Herd richtig einschätzen zu können.

Würzen mit Salz Salz ist für jeden Gaumen anders. Mein Mann und ich sind uns ständig uneinig, ob ein Gericht salzig genug ist! Am besten ist es, während des Kochens Salz hinzuzufügen, um den Geschmack aufzubauen, aber wenn Sie mehr oder weniger Salz hinzufügen müssen, als in einem Rezept angegeben, vertrauen Sie Ihrem Gaumen und passen Sie die Menge entsprechend an.

LEITFADEN ZU DEN SYMBOLEN

In diesem Buch werden Ihnen die folgenden Symbole begegnen:

Ohne Kokosnuss: Obwohl Kokosnussprodukte AIP-konform sind, ist Kokosnussunverträglichkeit weit verbreitet. Dieses Symbol weist auf kokosnussfreie Rezepte hin.

Zum Vorkochen geeignet: Dieses Symbol finden Sie bei Rezepten, die sich hervorragend für das einfache Vorkochen von Gerichten eignen. Bereiten Sie eine dieser Mahlzeiten am Wochenende zu und bewahren Sie sie in einzelnen Portionsbehältern auf, um sie im Laufe der Woche zu genießen.

One-Pan: Dieses Symbol steht für Mahlzeiten, die sich leicht in einem Topf oder einer Pfanne zubereiten lassen und so das Saubermachen erleichtern.

Unter 45 Minuten: Diese Rezepte können in weniger als 45 Minuten zubereitet werden – vom Anfang bis zum Ende.

KAPITEL 2

AIP-GRUNDREZEPTE

Wenn man das Autoimmunprotokoll befolgt, kann es schwierig sein, einfache, konforme Nahrungsmittel zu finden, die verzehrfertig sind. Vorbei sind die Tage, in denen man auf dem Heimweg einfach kurz am Supermarkt hielt, um ein Glas Nudelsoße zu besorgen, und schon war das Abendessen im Prinzip fertig. Bedeutet das nun, dass man nicht länger Nudelsoße, Ketchup und Käse genießen kann? Natürlich nicht! Sie können diese grundlegenden Zutaten leicht an das Autoimmunprotokoll anpassen und bevorraten.

RINDERKNOCHENBRÜHE

Rinderknochenbrühe steckt voller darm-heilendem Kollagen und Mineralien wie Kalzium, Magnesium und mehr! Sie ist reichhaltig, nahrhaft und perfekt für die Zubereitung von Eintöpfen und Schmorbraten.

Herd: VORBEREITUNGSZEIT 20 min ZUBEREITUNGSZEIT 12 bis 24 Stunden
Schongarer: VORBEREITUNGSZEIT 20 min ZUBEREITUNGSZEIT 24 Stunden
ERGIBT 6 bis 8 Portionen

- ca. 900 g fleischige Suppenknochen
- ca. 900 g gemischte Gelenkknochen (Knöchel, Hals usw.)
- 2 Stangen Sellerie, grob gehackt
- 2 Karotten, grob gehackt
- 1 Zwiebel, geschält und geviertelt
- 2 Esslöffel grob gehackte Petersilie
- 3 Knoblauchzehen, gehackt
- 3 Lorbeerblätter
- ½ Teelöffel Meersalz
- 1 Esslöffel (15 ml) Apfelessig

ZUBEREITUNG AUF DEM HERD

1. Den Ofen auf 180 °C vorheizen und ein Backblech mit Backpapier auslegen.

2. Die Knochen auf dem Backblech verteilen und 15 min lang rösten. Mit einer Küchenzange die Knochen in einen großen Suppentopf legen und den Topf bei schwacher Hitze auf den Herd stellen.

3. Die übrigen Zutaten hinzugeben und mit Wasser auffüllen, bis alles bedeckt ist. Den Topf zudecken und die Flüssigkeit auf sehr niedriger Stufe zum Kochen bringen. Mindestens 12 Stunden, idealerweise 24 Stunden köcheln lassen.

4. Die Brühe abseihen und abkühlen lassen. In einem Glasbehälter drei bis vier Tage im Kühlschrank oder drei bis vier Monate tiefgekühlt aufbewahren.

ZUBEREITUNG IM SCHONGARER

1. Den Ofen auf 180 °C vorheizen und ein Backblech mit Backpapier auslegen.

2. Die Knochen auf dem Backblech verteilen und 15 min lang rösten. Mit einer Küchenzange die Knochen in den Schongarer legen. Die übrigen Zutaten darüber verteilen und mit Wasser auffüllen, bis alles bedeckt ist. Den Schongarer zudecken, auf niedrig stellen und 24 Stunden köcheln lassen.

3. Die Brühe abseihen und abkühlen lassen. In einem Glasbehälter drei bis vier Tage im Kühlschrank oder drei bis vier Monate tiefgekühlt aufbewahren.

HÜHNERKNOCHENBRÜHE

Hühnerknochenbrühe ist eine geschmacksneutralere Brühe als Rinderknochenbrühe (siehe Seite 18) und eignet sich hervorragend, um sie einfach so in einem Becher zu schlürfen oder zu Hühnersuppen und Soßen hinzuzufügen. Oh, und lassen Sie sich nicht von den Hühnerfüßen abschrecken – sie sorgen für tonnenweise heilendes Kollagen, was Ihnen Ihr Darm danken wird.

Herd: VORBEREITUNGSZEIT 20 min, ZUBEREITUNGSZEIT 12 bis 24 Stunden
Schongarer: VORBEREITUNGSZEIT 20 min, ZUBEREITUNGSZEIT 24 Stunden
ERGIBT 6 bis 8 Portionen

- 1 Hühnerkarkasse, Fleisch entfernt
- 4 bis 6 Hühnerfüße, gewaschen und Krallen entfernt (s. Hinweis)
- 2 Stangen Sellerie, grob gehackt
- 2 Karotten, grob gehackt
- 1 Zwiebel, geschält und geviertelt
- 2 Esslöffel grob gehackte Petersilie
- 3 Lorbeerblätter
- ½ Teelöffel Meersalz
- 1 Esslöffel (15 ml) Apfelessig

ZUBEREITUNG AUF DEM HERD

1. Bei schwacher Hitze alle Zutaten in einen großen Suppentopf geben und ausreichend Wasser hinzufügen, um alles zu bedecken. Den Topf abdecken und die Flüssigkeit auf sehr niedriger Stufe zum Kochen bringen. Mindestens 12 Stunden, idealerweise 24 Stunden köcheln lassen.

2. Die Brühe abseihen und abkühlen lassen. In einem Glasbehälter drei bis vier Tage im Kühlschrank oder drei bis vier Monate tiefgekühlt aufbewahren.

ZUBEREITUNG IM SCHONGARER

1. Alle Zutaten in einen Schongarer geben und mit ausreichend Wasser bedecken. Den Schongarer zudecken, auf niedrig stellen und 24 Stunden köcheln lassen.

2. Die Brühe abseihen und abkühlen lassen. In einem Glasbehälter drei bis vier Tage im Kühlschrank oder drei bis vier Monate tiefgekühlt aufbewahren.

> **HINWEIS**
>
> Hühnerfüße finden Sie am ehesten auf Bauernmärkten. Waschen Sie sie gut und entfernen Sie die Krallen mit einem scharfen, stabilen Messer!

AIP-Grundrezepte

GELATINE-EI

Backen ohne Eier muss nicht mühsam sein. Gelatine-Eier sind mein liebster Ei-Ersatz in Backwaren und bedeuten einen tollen Schub für Ihre Heilung. Gelatine und Kollagen finden sich sowohl in den Knochen als auch im Knorpelgewebe von Tieren. Gelatine ist lediglich die gekochte Version von Kollagen. Beide verfügen über entzündungshemmende Eigenschaften. Gelatine-Eier eignen sich hervorragend für die Herstellung von gelatinehaltigen Rezepten wie Orangen-Kurkuma-Gummis (Seite 180) und andere. Bereiten Sie das Gelatine-Ei unmittelbar vor dem Gebrauch zu – wenn Sie es liegen lassen, funktioniert es im Rezept nicht.

VORBEREITUNGSZEIT 5 min   **ZUBEREITUNGSZEIT** 5 min
ERGIBT 1 Gelatine-Ei

60 ml Wasser

1 Esslöffel Gelatine aus Weidehaltung

1. Wasser in einen kleinen Kochtopf geben. Die Gelatine langsam unterrühren. Mit einer Gabel vorsichtig mischen und Klümpchen aufbrechen. 2 bis 3 Minuten quellen lassen, bis die Mischung aushärtet.

2. Den Topf auf niedrige Hitze stellen. Etwa 60 bis 90 Sekunden kochen lassen, um die Gelatine langsam zu schmelzen. Sofort von der heißen Herdplatte nehmen, sobald die Gelatine schmilzt und die Mischung flüssig wird.

3. Die Flüssigkeit kräftig schaumig schlagen. Ein Milchschäumer beschleunigt den Vorgang und ergibt eine perfekt schaumige Mischung.

4. Das Gelatine-Ei *sofort* in Rezepten für Backwaren verwenden.

HINWEIS

Gelatine kann nicht durch Kollagen ersetzt werden, da es nicht geliert.

OMAS SAUERKRAUT

Sauerkraut eignet sich fantastisch, um fermentierte Lebensmittel in Ihren Speiseplan aufzunehmen und Ihre Darmgesundheit zu fördern. Es ist leicht herzustellen und kann als Beilage oder Würze verwendet werden.

VORBEREITUNGSZEIT 20 min **FERMENTIERUNGSZEIT** 3 Tage
ERGIBT 750 bis 1000 g

1 mittelgroßer (ca. 900 g) Weißkohl, äußere Blätter entfernt und gründlich gewaschen

1 ½ Teelöffel Meersalz

— HINWEIS —

Achten Sie darauf, dass Ihre Arbeitsfläche so sauber wie möglich ist, um schädliche Bakterien fernzuhalten. Sie können auch andere Kohlarten verwenden, beispielsweise Rotkohl.

---

1. Eine saubere Arbeitsfläche vorbereiten und ein Glasgefäß mit einem Fassungsvermögen von ca. 900 ml bis 1,8 l gründlich reinigen.

2. Den Kohl mit einem scharfen Messer in dünne, gleichmäßige Scheiben schneiden und den harten Strunk entfernen. In eine große, saubere Schüssel geben und das Salz hinzufügen. Den Kohl mit sauberen Händen wie einen Teig durchkneten und das Salz einarbeiten. 5 bis 10 Minuten weitermachen, oder bis der Kohl Flüssigkeit abgibt.

3. Den Kohl fest in das saubere Glasgefäß drücken. Der Abstand zwischen dem Kohl und dem oberen Rand des Glases sollte etwa 5 cm betragen.

4. Ein sauberes Gewicht (z. B. ein Gärgewicht aus Glas) entweder in ein kleineres Glas oder einen Plastikbeutel geben und damit im Glas den Kohl beschweren. Das Glas mit einem sauberen Tuch abdecken und zum Gären an einen kühlen, trockenen und vor Sonnenlicht geschützten Ort stellen.

5. Beobachten Sie das Glas während der nächsten vier Tage, um sicherzustellen, dass der Kohl in der Salzlake untergetaucht bleibt. Drücken Sie das Gewicht nach unten, falls erforderlich.

6. Entnehmen Sie nach drei oder vier Tagen mit einem sauberen Holzlöffel etwas Kohl zum Probieren. Wenn Sie den Kohl länger gären lassen wollen, geben Sie das Gewicht zurück in das Glas und decken ihn wieder mit dem Tuch zu. Probieren Sie täglich, bis der Kohl den gewünschten Geschmack erreicht hat. Entfernen Sie das Gewicht, verschließen Sie das Glas wieder mit dem Deckel und bewahren Sie das Sauerkraut bis zu sechs Monate im Kühlschrank auf.

EINFACHER BLUMENKOHL-REIS

Blumenkohl-Reis ist einfach herzustellen und der perfekte Ersatz für Reis! Ich verwende ihn für eine Vielzahl von Rezepten in diesem Buch. Sie können ihn aber auch als einfache Beilage zu einem Protein servieren.

VORBEREITUNGSZEIT 15 min   **ZUBEREITUNGSZEIT** 10 min
ERGIBT 2 Portionen

1 großer Kopf Blumenkohl, gut gewaschen und in Röschen geschnitten

2 Esslöffel Avocadoöl

½ Teelöffel Meersalz

1. Den Blumenkohl in einer Küchenmaschine verarbeiten, bis er eine reisähnliche Textur hat.

2. In einer Kasserole bei mittlerer Hitze das Avocadoöl erhitzen.

3. Den Blumenkohl-Reis und Salz in die Kasserole geben. 5 bis 8 Minuten unter gelegentlichem Rühren sautieren, oder bis der Blumenkohl-Reis weich wird und gar ist.

BLUMENKOHL-»KÄSE«

Käse gehört zu jenen heißgeliebten Lebensmitteln, die es uns vielleicht schwer machen, uns komplett milchfrei zu ernähren. Obwohl Nussmilchkäse immer beliebter wird, ist er trotzdem keine Alternative für diejenigen, die sich sowohl milch- als auch nussfrei ernähren wollen. Da kommt dieser Blumenkohl-Käse wie gerufen!

VORBEREITUNGSZEIT 20 min   **KÜHLZEIT** 10 min
ERGIBT 5 bis 6 Portionen

- ca. 200 g Blumenkohl, gedünstet
- 30 g Tapiokastärke
- 3 Esslöffel (45 ml) Avocadoöl
- 3 Esslöffel (11 g) Hefeflocken
- 3 Esslöffel (20 g) Gelatine
- 1 Teelöffel Apfelessig
- ½ Teelöffel Meersalz

1. Einen kleinen Glasbehälter oder eine kleine Form mit Backpapier auslegen (ich verwende einen runden Behälter mit einem Fassungsvermögen von ca. 480 ml, um ein Käse-Rad herzustellen). Alternativ kann ein Silikonbehälter verwendet werden. Beiseitestellen.

2. In einer Küchenmaschine den heißen Blumenkohl mit den restlichen Zutaten vermischen, bis alles glatt ist und sich vollständig verbunden hat. Gießen Sie die Käsemischung in das vorbereitete Gefäß und glätten Sie die Oberseite mit einem Gummispatel oder der Rückseite eines Löffels. Zum Abkühlen und Aushärten mindestens 3 Stunden in den Kühlschrank stellen.

3. Aus der Form entfernen. Falls der Käse Dellen hat, diese mit sauberen Fingern glätten. In Scheiben schneiden und mit Rezepten wie der Charcuterie-Platte mit Crackern und Artischocken-Hummus servieren (Seite 42).

KETCHUP OHNE NACHTSCHATTENGEWÄCHSE

Ich bin ein *riesiger* Fan von Ketchup. Als Kind tat ich Ketchup auf alles und ich vermisste es sehr, als ich aufhörte, Nachtschattengewächse zu essen. Dieser Ketchup ohne Nachtschattengewächse hat den gleichen Geschmack, aber ohne Tomaten oder raffinierten Zucker.

VORBEREITUNGSZEIT 10 min   **ZUBEREITUNGSZEIT** 40 min
ERGIBT ca. 500 g

260 g klein geschnittene Karotten

75 g klein geschnittene Rote Bete

1 Esslöffel (15 ml) Avocadoöl

1 mittelgroße Zwiebel, gehackt

ca. 80 g in Scheiben geschnittene Dosenbirne ohne Zuckerzusatz

2 Esslöffel (30 ml) frischer Zitronensaft

1 Esslöffel (20 g) Ahornsirup

1 Teelöffel Apfelessig

2 Teelöffel Knoblauchpulver

½ Teelöffel Meersalz oder mehr nach Bedarf

1. Karotten und Rote Bete in einen mittleren Topf geben und ausreichend Wasser hinzufügen, um alles zu bedecken. Stellen Sie den Topf auf mittlere Hitze und bringen Sie ihn auf kleiner Flamme zum Kochen. 25 bis 30 min köcheln lassen oder bis das Gemüse gabelweich ist. Das Wasser abgießen und die Mischung abkühlen lassen.

2. Das Avocadoöl in einer Pfanne auf mittlerer Stufe erhitzen.

3. Zwiebel hinzugeben und 3 bis 4 min sautieren, bis diese glasig ist. In einen Hochleistungsmixer geben.

4. Die gekochte Gemüsemischung und die übrigen Zutaten hinzugeben. Mixen, bis eine ganz glatte Mischung entsteht. In einen luftdichten Behälter geben und zum Kühlen in den Kühlschrank stellen.

5. Abschmecken und mit mehr Salz würzen, falls gewünscht. In einem Glasbehälter für drei bis vier Tage im Kühlschrank oder drei bis vier Monate tiefgekühlt aufbewahren.

HINWEIS

Ketchup in kleinen Portionen einfrieren, um ihn bei Bedarf für Rezepte vorrätig zu haben.

»TOMATEN«-SOSSE OHNE NACHTSCHATTENGEWÄCHSE

Mein Vater, der in einer italienisch-amerikanischen Familie aufwuchs, sagte immer, dass Spaghettisoße durch seine Adern fließt. So geht es mir auch. Als ich jedoch endlich begriff, wie entzündungsfördernd Nachtschattengewächse für mich waren, war ich erst einmal ratlos. Diese »Tomaten«-Soße ohne Nachtschattengewächse schmeckt so, wie eine Marinara schmecken soll, aber sie kommt ohne Tomaten aus!

VORBEREITUNGSZEIT 15 min   **ZUBEREITUNGSZEIT** 40 min   **ERGIBT** ca. 1,5 l

2 Esslöffel (30 ml) Olivenöl

2 Knoblauchzehen, gehackt

1 weiße Zwiebel, gewürfelt

ca. 325 g Karotten, gehackt

ca. 125 g Sellerie, gehackt

ca. 280 g Rote Bete, gehackt

320 ml Wasser

1 Esslöffel (3 g) frisches Basilikum (optional)

2 Teelöffel frische gehackte Petersilie

1 Teelöffel getrockneter Oregano

½ Teelöffel Meersalz

2 Esslöffel (30 ml) frischer Zitronensaft

1. Das Olivenöl in einem tiefen Suppentopf bei niedriger Temperatur erhitzen.

2. Knoblauch und Zwiebel hinzufügen und 3 bis 4 min sautieren, bis die Zwiebel glasig ist.

3. Karotten, Sellerie und Rote Bete hinzufügen und 18 bis 20 min sautieren oder bis das Gemüse weich ist.

4. Wasser hinzufügen, Basilikum (falls gewünscht), Petersilie, Oregano und Salz in den Topf geben und auf kleiner Flamme zum Kochen bringen. Topf zudecken und 10 min köcheln lassen. Von der Herdplatte nehmen, Topf abgedeckt lassen und leicht abkühlen.

5. Das Gemüse und die Kochflüssigkeit in einen Mixer geben. Zitronensaft hinzufügen. Für 20 bis 30 Sekunden pürieren oder bis eine glatte Mischung entsteht.

HINWEIS

Diese Soße wird in etlichen Rezepten in diesem Buch verwendet. Soll sie etwas neutraler schmecken, lassen Sie einfach das Basilikum weg. Ich empfehle, sie in kleinen Mengen von ca. 250 bis 500 g einzufrieren, um sie bei Bedarf vorrätig zu haben.

KAPITEL 3

FRÜHSTÜCK IM BETT

Wie um alles in der Welt soll ein Frühstück ohne Eier, Brötchen oder Frühstücksflocken schmecken? Diese Frage stellte ich mir schon vor Jahren und Menschen stellen mir genau dieselbe Frage, wenn sie erfahren, dass das AIP keines dieser Lebensmittel enthält. Wir sind darauf konditioniert, zu glauben, dass das Frühstück eine Mahlzeit mir nur wenigen erlaubten Optionen ist. Aber Frühstück ist so viel mehr als *nur* Eier und Haferflocken. Mit diesen Rezepten können Sie kreativ werden und gleichzeitig den Klassikern der Hausmannskost wie Bagels und Räucherlachs und French Toast frönen. Bleiben Sie offen – es könnte Sie überraschen, wie viele der neu ausprobierten Frühstücksvarianten Sie mögen.

← Apfel-Zimt-Müsli mit Kokosmilch, Seite 32

BLAUBEERWAFFELN

Es geht doch nichts über Waffeln am Wochenende, oder? Sie müssen dazu keine Packung Tiefkühl-Waffeln kaufen oder in ein Restaurant gehen. Lediglich ein Waffeleisen und die folgenden Zutaten sind nötig, um dieses klassische, nährende und AIP-konforme Frühstück zuzubereiten.

VORBEREITUNGSZEIT 10 min **ZUBEREITUNGSZEIT** 25 min
ERGIBT 3 bis 4 Waffeln

140 g Maniokmehl

30 g Pfeilwurzelstärke

3 Esslöffel (20 g) Erdmandelmehl

2 Esslöffel (15 g) Kollagenpulver

1 Teelöffel gemahlener Zimt

¾ Teelöffel Backnatron

¼ Teelöffel Meersalz

ca. 55 g Kokosöl, geschmolzen, plus etwas mehr für das Waffeleisen

80 g Ahornsirup, plus etwas mehr als Soße (optional)

480 ml Kokosmilch

1 Teelöffel Apfelessig

Frische Blaubeeren als Belag

1. In einer großen Schüssel Maniokmehl, Pfeilwurzelstärke, Erdmandelmehl, Kollagenpulver, Zimt, Backnatron und Salz mischen.

2. Das Kokosöl und den Ahornsirup hinzufügen und umrühren.

3. Die Kokosmilch und den Essig unter Rühren einrühren, bis alles vollständig vermengt ist.

4. Das Waffeleisen mit dem Kokosöl einfetten und nach den Anweisungen des Herstellers vorheizen.

5. Ein Viertel bis ein Drittel des Teigs in das Waffeleisen gießen. Deckel schließen und nach Anweisung des Herstellers backen, bis die Waffel goldbraun ist. Die Waffel vorsichtig mit einer Zange oder einer Gabel aus dem Waffeleisen nehmen. Mit dem restlichen Teig wiederholen. Die Waffeln mit frischen Blaubeeren und, falls gewünscht, Ahornsirup servieren.

HINWEIS

Die Backzeiten von Waffeleisen variieren. Achten Sie darauf, dass Sie Ihre Waffeln nicht zu lange oder zu kurz backen.

Für knusprigere Waffeln sollten die gebackenen Waffeln nicht übereinandergestapelt werden, da sie sonst durch Hitze und Feuchtigkeit weich werden. Achten Sie darauf, dass sie sich nicht berühren, oder bewahren Sie sie auf separaten Tellern auf.

Wenn Sie die Waffeln einfrieren, tauen Sie sie über Nacht im Kühlschrank auf und backen Sie sie in einer Pfanne wieder auf, sodass sie knusprig werden.

KOKOS-JOGHURT

Joghurt ist eine köstliche Frühstücksoption, wenn er zum Beispiel mit Apfel-Hühnchen-Wurst (Seite 33) kombiniert oder auf verschiedene andere Weise verwendet wird. Sie können Ihren eigenen Kokosnuss-Joghurt ganz leicht zu Hause selbst herstellen, und es ist eine großartige Möglichkeit, mehr nützliche Bakterien in Ihre Ernährung zu bringen! Wenn Sie mehr als eine Portion möchten, verdoppeln Sie einfach das Rezept.

VORBEREITUNGSZEIT 10 min   **FERMENTIERZEIT** 26 Stunden
ERGIBT 1 Portion

240 g Kokoscreme

2 Esslöffel Tapiokastärke

2 Probiotikum-Kapseln

1 bis 2 Teelöffel Honig (optional)

3 Esslöffel (Gewicht variiert) frische Beeren und weitere als Garnierung (optional)

1. Die Kokoscreme in ein sauberes Glas oder eine Schüssel geben und so lange rühren, bis sie nicht mehr fest, sondern cremig ist.

2. Die Tapiokastärke einrühren und gut vermischen, um eventuelle Klümpchen aufzubrechen.

3. Probiotikum-Kapseln aufbrechen und den Inhalt vorsichtig in den Joghurt einrühren.

4. Die Joghurtmischung mit einem Seihtuch abdecken und den Joghurt 24 Stunden lang auf dem Küchentresen, fern von Sonne und extremer Hitze oder Kälte, ruhen lassen.

5. Das Seihtuch entfernen und den Joghurt 1 bis 2 Stunden in den Kühlschrank stellen, um ihn zu kühlen.

6. Den Honig (falls verwendet) einrühren und den Joghurt mit den Beeren (falls verwendet) servieren.

HINWEIS

Verwenden Sie für die Probiotikum-Kapseln ein hochwertiges Produkt, das keine Soil Based Organism (also Bakterien, die natürlicherweise in der Erde vorkommen) und keine Präbiotika, Milchprodukte oder andere Füllstoffe enthält.

Je nachdem, welche Art von Kokoscreme Sie verwenden, kann dieser Joghurt im Kühlschrank eventuell fest werden. 30 Minuten vor dem Servieren aus dem Kühlschrank nehmen oder mit 1 bis 2 Esslöffeln (15 bis 30 ml) Kokosmilch in einen Mixer geben und pürieren, damit er wieder cremig wird.

APFEL-ZIMT-MÜSLI MIT KOKOSMILCH

Dies ist ein großartiges Frühstück für besondere Anlässe, wenn es mit einem Protein wie Apfel-Hühnchen-Wurst (Seite 33) kombiniert wird. Oder Sie genießen es als einfachen Snack nach der Schule oder bei der Arbeit.

VORBEREITUNGSZEIT 10 min **ZUBEREITUNGSZEIT** 15 min
ERGIBT 4 Portionen

FÜR DIE KOKOSMILCH

960 ml Wasser

160 g ungesüßte Kokosraspel

2 Teelöffel Ahornsirup (falls gewünscht)

FÜR DAS APFEL-ZIMT-MÜSLI

90 g Kokosnusschips

45 g getrocknete Apfelchips

45 g in Blättchen geschnittene Erdmandeln

40 g zucker- und ölfreie getrocknete Cranberrys

3 Esslöffel (40 g) Kokosöl, geschmolzen

2 Esslöffel (40 g) Ahornsirup

½ Teelöffel gemahlener Zimt

1. Zur Herstellung der Kokosmilch: Das Wasser in einem Topf mittlerer Größe bei mittlerer Temperatur erhitzen, bis es sehr heiß ist, aber nicht kocht. Vorsichtig in einen Hochleistungsmixer geben und die Kokosflocken hinzufügen. 2 Minuten lang bei mittlerer Geschwindigkeit pürieren.

2. Die Kokosmilch mit einem Seihtuch oder einem Nussmilchbeutel in eine Schüssel abseihen. Den Ahornsirup dazugeben (falls verwendet) und die Milch vor dem Umfüllen in einem luftdichten Behälter abkühlen lassen. Im Kühlschrank ist die Kokosmilch zwei bis drei Tage haltbar. Falls sie sich trennt, einfach noch einmal kurz aufmixen.

3. Zur Herstellung des Apfel-Zimt-Müsli: Den Ofen auf 180 °C vorheizen und ein großes Backblech mit Backpapier auslegen. Beiseitestellen.

4. In einer großen Schüssel die Kokoschips und die Apfelchips mischen. Mit einem großen Löffel vorsichtig in kleinere Stücke teilen.

5. Die restlichen Zutaten hinzufügen und gut vermischen. Die Müslimischung auf das vorbereitete Backblech gießen und 8 bis 10 Minuten backen.

6. Abkühlen lassen, bevor Sie das Müsli mit Kokosmilch servieren oder es als Snack genießen. Reste können für drei bis vier Tage in einem Glasbehälter im Kühlschrank aufbewahrt werden.

HINWEIS

Haben Sie immer Kokosmilch und -creme auf Vorrat, um Rezepte wie Ranch Dip (Seite 134) oder Kokos-Joghurt (Seite 31) zuzubereiten.

APFEL-HÜHNCHEN-WURST

Im Laden gekaufte Würste werden in der Regel mit Füllstoffen, künstlichen Zuckern und Nachtschattengewächsen hergestellt, die nicht AIP-konform sind. Glücklicherweise sind sie zu Hause recht einfach herzustellen. Diese Wurstbratlinge sind das perfekte sättigende Frühstück und bereichern Ihren Speiseplan.

VORBEREITUNGSZEIT 10 min **ZUBEREITUNGSZEIT** 30 min
ERGIBT 10 bis 12 Portionen

- 450 g Hühnchen- oder Putenhackfleisch
- 35 g Spinat, fein gehackt
- 75 g fein gewürfelter geschälter Apfel
- 2 Esslöffel (30 g) Kokosöl
- 1 Teelöffel getrockneter Thymian
- ¾ Teelöffel Meersalz

1. Den Ofen auf 190 °C vorheizen und ein großes Backblech mit Backpapier auslegen. Beiseitestellen.

2. In einer großen Schüssel alle Zutaten zusammenfügen und umrühren, um alles gut zu vermischen. Die Mischung zu 10 bis 12 kleinen, flach gedrückten Frikadellen von etwa 5 cm Durchmesser rollen. Die Frikadellen auf das vorbereitete Backblech legen und 25 bis 30 Minuten lang oder bis die Temperatur im Inneren der Würstchen 75 °C auf einem Fleischthermometer erreicht hat backen. Nach der Hälfte der Backzeit umdrehen. Aus dem Ofen nehmen und warm servieren.

HINWEIS

Die Würstchen bis zu drei Tage lang in einem abgedeckten Glasbehälter im Kühlschrank aufbewahren. So können Sie sie auch unter der Woche genießen.

BANANENBROT-FRENCH-TOAST

French Toast ist nicht gerade das nährstoffreichste Frühstück der Welt. In Wirklichkeit ist es eigentlich eine Süßigkeit oder ein Dessert. Manchmal muss es aber einfach genau so eine Leckerei sein, und dieses Rezept eignet sich perfekt für besondere Anlässe. Der French Toast wird aus hausgemachtem Bananenbrot und einem ei-freien Teig für French Toast hergestellt. Garnieren Sie die Toasts mit Ahornsirup und Bananenscheiben und schon haben Sie einen köstlichen, AIP-freundlichen French Toast!

VORBEREITUNGSZEIT 20 min plus Abkühlung über Nacht
ZUBEREITUNGSZEIT 1 Stunde   **ERGIBT** 8 bis 9 Portionen

FÜR DAS BANANENBROT

3 Esslöffel (40 g Kokosöl), plus Öl für das Einfetten der Kastenform

55 g Kokosmehl

35 g Maniokmehl

30 g Tapiokastärke

2 Esslöffel (20 g) Kokoszucker

1 Teelöffel gemahlener Zimt

¾ Teelöffel Backnatron

2 gelbe Kochbananen mit schwarzen Punkten, geschält

2 sehr reife Bananen, geschält

FÜR DEN FRENCH-TOAST-TEIG

120 ml Kokosmilch

1 Esslöffel (5 g) Kokosmehl

½ Teelöffel gemahlener Zimt

2 bis 4 Esslöffel (30 bis 60 g) Kokosöl, mehr nach Bedarf

ZUM SERVIEREN

1 Banane, geschnitten

2 bis 3 Esslöffel (40 bis 60 g) Ahornsirup

1. Zubereitung des Bananenbrotes: Den Ofen auf 190 °C vorheizen. Eine 23 × 13 cm große Kastenform mit Backpapier auslegen und leicht mit Kokosnuss-Öl bestreichen.

2. In einer großen Schüssel das Kokos- und Maniokmehl, die Tapiokastärke, den Kokoszucker, den Zimt und das Backnatron mischen. Beiseitestellen.

3. In einer Küchenmaschine Kochbananen und Bananen sorgfältig mixen, bis sie vollständig püriert sind. Die Kochbananen-Mischung in eine mittelgroße Schüssel geben, das Kokosöl hinzufügen und alles gut vermischen. Nun die trockenen Zutaten zu den feuchten hinzufügen und rühren, bis alles gut miteinander vermischt ist. Den Teig in die vorbereitete Kastenform füllen und die Oberfläche mit einem Gummispatel oder der Rückseite eines Löffels glätten. 40 bis 45 Minuten backen.

4. Herausnehmen und vollständig abkühlen lassen. Vor der Zubereitung des French Toasts abdecken und über Nacht in den Kühlschrank stellen. Im abgekühlten Zustand in acht oder neun Scheiben schneiden.

5. Zubereitung des French-Toast-Teiges: In einer kleinen Schüssel die Kokosmilch, das Kokosmehl und den Zimt verquirlen. Beiseitestellen.

6. Das Kokosöl in einer mittleren Pfanne bei mittlerer bis niedriger Hitze schmelzen.

7. Mit ein bis drei Scheiben Bananenbrot auf einmal arbeiten. Diese in den French-Toast-Teig tauchen, sodass beide Seiten gleichmäßig von Teig bedeckt sind. Die Scheiben in die Pfanne legen und auf jeder Seite etwa

2 Minuten oder bis sie leicht knusprig sind backen. Auf einen Teller geben und den Vorgang wiederholen, ggf. mehr Kokosöl hinzufügen. Wenn sich in der Pfanne zwischen den einzelnen Portionen verbrannte Teigreste angesammelt haben, Pfanne auswischen und frisches Kokosöl hineingeben.

8. Servieren: Den French Toast mit Bananenscheiben belegen und mit Ahornsirup servieren.

HINWEIS

Dieser French Toast schmeckt besser, wenn das Bananenbrot mehr Zeit zum Ruhen hatte. Bereiten Sie es also am besten am Vortag zu und kühlen Sie es über Nacht, bevor Sie den French Toast zubereiten.

Frühstück im Bett

BAGEL-LACHS-FRÜHSTÜCKSSALAT MIT FRISCH-»KÄSE«-DRESSING

Appetit auf Bagels zum Frühstück? Bei diesem Frühstückssalat bekommen Sie Ihren Bagel, ohne ihn wirklich zu essen! Mit all den leckeren Bagel-Toppings und einem Frischkäse-Dressing werden Sie ihn nicht einmal vermissen. Dieser Frühstückssalat ist perfekt für einen Brunch, bei dem sich jeder selbst bedienen kann!

VORBEREITUNGSZEIT 25 min   **ERGIBT** 2 bis 3 Portionen

FÜR DEN SALAT

220 bis 275 g grüner Blattsalat, klein geschnitten

225 bis 340 g geräucherter Lachs

1 Gurke, in dünne Scheiben geschnitten

2 oder 3 Radieschen, dünn geschnitten

½ rote Zwiebel, dünn geschnitten

½ Avocado, entkernt, geschält und in Scheiben geschnitten

1 Esslöffel frisch gehackter Dill

1 Teelöffel geröstete Zwiebelflocken

FÜR DAS FRISCH-»KÄSE«-DRESSING

60 g Kokoscreme

1 Esslöffel (15 ml) Avocadoöl

1 Teelöffel Apfelessig

1 Teelöffel Hefeflocken

2 Teelöffel gehackter frischer Schnittlauch

½ Teelöffel geröstete Zwiebelflocken

¼ Teelöffel Meersalz

1. Zubereitung des Salats: Den Salat auf einer großen Servierplatte zusammenstellen, dabei mit dem Salat beginnen und dann die restlichen Zutaten darauf schichten. Die Zutaten getrennt schichten, sodass sie optisch ansprechend aussehen, oder bunt durcheinandermischen, je nachdem, was Sie bevorzugen.

2. Zubereitung des Dressings: Alle Zutaten in eine kleine Schüssel geben. Mit dem Schneebesen cremig aufschlagen. Das Dressing separat servieren oder über den Salat träufeln.

Frühstück im Bett

FRÜHSTÜCKSRÖSTI AUS PUTE UND KAROTTE

Geraspelte Karotten bieten einen fantastischen Ersatz für die traditionellen Kartoffeln im Kartoffelrösti! Dieses Frühstücksrösti ist sättigend, nährstoffreich und leicht herzustellen.

VORBEREITUNGSZEIT 10 min   **ZUBEREITUNGSZEIT** 25 min
ERGIBT 4 Portionen

3 Baconscheiben, gewürfelt

1 Pfund (500 g) Putenhack

½ Teelöffel Meersalz, geteilt

330 g geraspelte Karotte

1 Stange Lauch, gut gesäubert, weißer Teil in Halbmonde geschnitten

65 g gehackter entstielter Grünkohl

2 Teelöffel frische Rosmarinnadeln, gehackt

1 Teelöffel getrockneter Salbei

1. Den Bacon in einer großen, tiefen Pfanne bei mittlerer Hitze 6 bis 8 Minuten oder bis er knusprig ist braten. Dann aus der Pfanne nehmen und beiseitestellen, dabei aber etwa 1 Esslöffel (15 ml) Baconfett in der Pfanne lassen, um die Pute zu garen. Die Pfanne wieder erhitzen.

2. Putenhackfleisch mit ¼ Teelöffel Salz würzen und in die Pfanne geben. Das Putenhack 5 Minuten lang anbräunen und mit dem Rücken eines Löffels aufbrechen, bis es gar ist. Herausnehmen und beiseitestellen, dabei etwa 2 Esslöffel (30 ml) Fett in der Pfanne lassen. Die Pfanne wieder auf den Herd stellen.

3. Die zerkleinerten Karotten hinzufügen und 5 bis 6 Minuten anbraten, oder bis sie weich und leicht gebräunt sind.

4. Lauch, Grünkohl, Rosmarin, Salbei und den restlichen ¼ Teelöffel Salz einrühren. 3 bis 4 Minuten dünsten, damit Lauch und Grünkohl weich werden.

5. Pute und Bacon wieder hinzufügen und zum Aufwärmen eine weitere Minute anbraten. Warm servieren.

HINWEIS

Sparen Sie Zeit, indem Sie fertig geraspelte Karotten kaufen. Portionieren Sie das Rösti in einzelne Glasbehälter, um es im Laufe der Woche zu genießen.

FRÜHSTÜCKS-TACO-BOWLS

Sehnen Sie sich nach einem herzhaften Frühstück? Diese Frühstücks-Taco-Bowls sind genau das Richtige! Sie werden ohne Eier, Nachtschattengewächse, Bohnen oder Tacos zubereitet und schmecken doch genau, wie ein Taco schmecken soll.

VORBEREITUNGSZEIT 5 min   **ZUBEREITUNGSZEIT** 20 min
ERGIBT 4 Portionen

1 Pfund (500 g) Rinderhack

1 Teelöffel Meersalz, in zwei Portionen

2 Teelöffel Knoblauchpulver, in 2 Portionen

2 Esslöffel frischer Koriander, gehackt und in 2 Portionen

2 Esslöffel Avocadoöl

115 bis 190 g klein zerpflückte Blätter vom Romanasalat

1 gelbe Kochbanane, geschält und gewürfelt, ersatzweise 1 Süßkartoffel

3 oder 4 Radieschen, in dünne Scheiben geschnitten

½ rote Zwiebel, in Scheiben geschnitten

Guacamole (Seite 53) oder 1 bis 2 Avocados, entkernt, geschält und in Scheiben geschnitten

Limetten-Achtel zum Anrichten

1. In einer großen Pfanne bei mittlerer Hitze das Rinderhack anbraten. Während des Bräunens ½ Teelöffel Salz, 1 Teelöffel Knoblauchpulver und 1 Esslöffel (1 g) Koriander einrühren. Nach dem Bräunen die Mischung aus der Pfanne nehmen, beiseitestellen und das ausgetretene Fett entsorgen.

2. Die Pfanne wieder auf mittlere Hitze bringen und das Avocadoöl und die Kochbanane hinzufügen. Mit dem restlichen ½ Teelöffel Salz und 1 Teelöffel Knoblauchpulver würzen. 6 bis 8 Minuten braten, oder bis sie weich sind.

3. Die Bowls anrichten und dabei mit dem Romanasalat beginnen. Eine Schicht Rindfleisch, Kochbanane, Radieschen und rote Zwiebel hinzugeben. Mit Guacamole oder Avocadoscheiben belegen und mit dem restlichen 1 Esslöffel (1 g) Koriander bestreuen. Mit den Limetten-Achteln zum Auspressen servieren.

HINWEIS

Dieses Gericht eignet sich zum Vorkochen. Portionieren Sie jedoch die Frühstücks-Taco-Bowls in separaten Aufbewahrungsbehältern aus Glas und bewahren Sie den Romanasalat separat auf, damit er knackig bleibt. Lassen Sie die Guacamole weg und servieren Sie die Bowl stattdessen mit frischer Avocado, damit alles schön frisch ist.

KAPITEL 4

VORSPEISEN, DIPS & SNACKS

Ich hätte mir nie vorstellen können, dass ich am Snackgang des Supermarkts vorbeilaufe, ohne mir eine Tüte Kartoffelchips oder Popcorn zu schnappen. Ich hielt es nicht für möglich, zu Hause Snacks herzustellen, die so lecker schmecken wie die, die man im Geschäft findet. Snacks, Dips und Vorspeisen müssen jedoch nicht aus einer Tüte oder einer Packung kommen und hochverarbeitet sein, um fantastisch zu schmecken. Nicht im Entferntesten! Snacks, die zu Hause zubereitet werden, können reichhaltiger, gesünder und wesentlich schmackhafter sein.

Diese Rezepte sind perfekt, um Partygäste damit glücklich zu machen, für einen Filmabend daheim oder sogar im Büro.

← Charcuterie-Platte mit Crackern und Artischocken-Hummus, Seite 42 und Jakobsmuscheln mit Baconmarmelade, Seite 48

CHARCUTERIE-PLATTE MIT CRACKERN UND ARTISCHOCKEN-HUMMUS

Charcuterie-Platten sind eine einfache Möglichkeit, um Partygäste satt zu bekommen und zu beeindrucken! Jetzt können Sie die Gäste ein bisschen an der Nase herumführen, wenn Sie diese Aufschnittplatte ohne jegliche Milchprodukte, Hülsenfrüchte und Getreide servieren, die aber dennoch mit »Käse«, Crackern und Hummus lockt. Nur ein Blick und Ihre Gäste werden sich fragen, wie um alles in der Welt Sie das gemacht haben!

VORBEREITUNGSZEIT 30 min   **ZUBEREITUNGSZEIT** 12 min   **ERGIBT** 5 bis 6 Portionen

FÜR DIE CRACKER

60 g Kokosöl, plus weiteres zum Einfetten des Backblechs

120 g Erdmandelmehl

30 g Pfeilwurzelstärke

1 Teelöffel getrockneter Thymian

1 Teelöffel getrockneter Rosmarin

½ Teelöffel Meersalz

1 Gelatine-Ei (Seite 20)

FÜR DEN ARTISCHOCKEN-HUMMUS

600 g Artischockenherzen

3 Esslöffel plus 1 Teelöffel (50 ml) Olivenöl

Saft von 1 Zitrone

1 Knoblauchzehe

1 Esslöffel frische gehackte Petersilie

½ Teelöffel Meersalz

2 oder 3 grüne Oliven

FÜR DIE PLATTE

Blumenkohl-»Käse« (Seite 23)

3 oder 4 Karotten, in Scheiben geschnitten

1 Gurke, in Scheiben geschnitten

5 oder 6 Radieschen

3 oder 4 Scheiben Prosciutto

Grüne oder rote Weintrauben

1 Apfel, in Scheiben geschnitten

1. Zubereitung der Cracker: Den Ofen auf 180 °C vorheizen und ein Backblech mit Backpapier auslegen. Leicht mit 1 Teelöffel Kokosöl einfetten.

2. In einer großen Schüssel die trockenen Zutaten verrühren.

3. Das Kokosöl hinzufügen und verrühren.

4. Das Gelatine-Ei zubereiten und zum Teig geben. Mischen, bis das Ei vollständig eingearbeitet ist. Den Teig auf das vorbereitete Backblech geben und mit den Händen flach drücken oder ein weiteres Stück Backpapier darauflegen und mit einem Nudelholz flach drücken, bis er so dünn wie ein Cracker ist. Mit einem Pizzaschneider oder einem scharfen Messer in die gewünschte Größe schneiden. 10 bis 12 Minuten backen.

5. Zubereitung des Artischocken-Hummus: In einer Küchenmaschine die Artischocken, 3 Esslöffel (45 ml) Olivenöl, den Zitronensaft, Knoblauch, Petersilie und Salz mischen, bis eine glatte Masse entsteht. Den Hummus in eine kleine Servierschüssel geben und mit den Oliven und dem restlichen 1 Teelöffel Olivenöl garnieren.

6. Die Platte zusammenstellen: Alle Zutaten auf einem großen Schneidebrett oder einer Servierplatte anrichten. Frisch als Vorspeise oder Party-Snack servieren.

MEDITERRANE MINI-HÄHNCHENSPIESSE

Ich habe diese Hähnchenspieße einmal zu einer Babyparty mitgebracht, und alle haben sie geliebt! Sie sind das perfekte, sättigende Fingerfood, das man serviert, wenn man seine Gäste zufriedenstellen, aber keine ganze Mahlzeit kochen will.

VORBEREITUNGSZEIT 45 min   **ZUBEREITUNGSZEIT** 20 min
ERGIBT 4 Portionen

1 Pfund (500 g) Hühnerbrust ohne Knochen, in mundgerechte Würfel geschnitten

2 Esslöffel (30 ml) Avocadoöl

Saft einer halben Zitrone

2 Knoblauchzehen, gehackt

½ Teelöffel Meersalz

2 Teelöffel frische gehackte Petersilie

1 Teelöffel getrockneter Oregano

1 Teelöffel getrocknetes Basilikum

1 Teelöffel Zwiebelpulver

1. Mehrere kleine Bambusspieße in Wasser einweichen, bis sie gebrauchsfertig sind.

2. In einer mittelgroßen Schüssel Hähnchenfleisch, Avocadoöl, Zitronensaft, Knoblauch und Gewürze mischen. Vorsichtig das Fleisch darin wenden, bis es vollständig mit der Marinade bedeckt ist. Zum Marinieren 30 Minuten zugedeckt in den Kühlschrank stellen.

3. In der Zwischenzeit den Ofen auf 190 °C vorheizen und ein Backblech mit Backpapier auslegen.

4. Die Hähnchenmischung aus dem Kühlschrank nehmen und zwei bis drei Hähnchenstücke auf jeden Bambusspieß stecken, bis alle Stücke aufgebraucht sind. Die Spieße auf das vorbereitete Backblech legen und 15 bis 20 Minuten lang oder bis das Huhn gar ist backen. Die Fleischinnentemperatur sollte 74 °C auf einem Fleischthermometer erreichen. Servieren und genießen.

HÄHNCHENLEBERPASTETE

Hähnchenleber ist viel milder als Rinderleber und strotzt nur so vor heilenden Nährstoffen! Pastete ist eine einfache Möglichkeit, mehr Leber in Ihren Speiseplan aufzunehmen, und sie eignet sich hervorragend als sättigender Dip oder Snack zusammen mit in Scheiben geschnittenen Äpfeln und Karotten und sogar Kochbananen-Chips (Seite 135). Achten Sie aber darauf, dass die Leber von Weidehähnchen stammt, weil diese die meisten Nährstoffe enthält.

VORBEREITUNGSZEIT 15 min   **ZUBEREITUNGSZEIT** 15 min
ERGIBT 4 Portionen

55 g Kokosöl

1 mittlere Zwiebel, gewürfelt

2 Knoblauchzehen, gehackt

1 Pfund (500 g) Hähnchenleber

½ Teelöffel Meersalz, plus etwas mehr nach Bedarf

2 Esslöffel frische gehackte Petersilie, plus etwas mehr nach Bedarf

2 Teelöffel frische Rosmarinnadeln, gehackt

1 Teelöffel Apfelessig

ZUM SERVIEREN (OPTIONAL)

Apfelscheiben

Karottenscheiben, zum Servieren (optional)

Selleriestangen, zum Servieren (optional)

Kochbananen-Chips (Seite 135) zum Servieren (optional)

1. In einer großen Pfanne oder Bratpfanne bei mittlerer Hitze 2 Esslöffel Kokosöl schmelzen.

2. Zwiebel und Knoblauch hinzufügen und 3 bis 4 Minuten anbraten, bis die Zwiebel glasig ist.

3. Die Hähnchenleber trocken tupfen und von beiden Seiten mit Salz würzen. In die Pfanne geben und 6 bis 8 Minuten anbraten, oder bis sie von allen Seiten gebräunt sind. Petersilie und Rosmarin in die Pfanne geben und eine weitere Minute mitbraten. Die Mischung in eine Küchenmaschine geben.

4. Die restlichen 2 Esslöffel Kokosöl und den Essig dazugeben. So lange mixen, bis alles gut vermischt und cremig sind. Bei Bedarf mehr Kokosöl hinzufügen, um die gewünschte Textur zu erhalten.

5. Abschmecken und mit Apfelscheiben, Karottenscheiben, Selleriestangen oder Kochbananenchips (falls verwendet) servieren.

HINWEIS

Dieses Gericht eignet sich zum Vorkochen und kann in einzelnen Glasbehältern bis zu vier Tage lang im Kühlschrank aufbewahrt werden.

HINWEIS

Die »Tomaten«-Soße ist optional, verleiht dem Gericht aber zusätzlichen Geschmack und Farbe. Wenn Sie es vorziehen, verwenden Sie stattdessen 1 Esslöffel (15 ml) mehr Kokosmilch. Für schärfere Wings verwenden Sie mehr Meerrettich.

PAPAS LIEBLINGS-BUFFALO-CHICKEN-WINGS

Wie um alles in der Welt macht man Buffalo Wings AIP-freundlich? Mit viel Entschlossenheit und ein bisschen Zauberei in der Küche! Ich habe dieses Rezept meinen Eltern verraten, und mein Vater schwärmt seitdem pausenlos davon! Diese Buffalo-Soße ist weniger scharf als eine mit Chilipulver, aber sie wird dennoch jedem Heißhunger gerecht.

VORBEREITUNGSZEIT 15 min   **ZUBEREITUNGSZEIT** 1 Stunde
ERGIBT 2 bis 3 Portionen

FÜR DIE BUFFALO-SOSSE

3 Esslöffel (45 g) Kokoscreme, cremig gerührt

2 Esslöffel (30 ml) Kokosmilch

2 Esslöffel »Tomaten«-Soße ohne Nachtschattengewächse (Seite 25; optional, s. Hinweis)

2 Esslöffel (30 ml) Kokos-Aminos

1 Esslöffel Honig

1 Teelöffel Zwiebelpulver

1 Teelöffel Knoblauchpulver

1 Teelöffel gemahlener Ingwer

½ Teelöffel gemahlenes Kurkuma

½ Teelöffel Rauchsalz

1 bis 3 Teelöffel Meerrettich-Pulver

½ Teelöffel Pfeilwurzelstärke

FÜR DIE CHICKEN WINGS

1 Pfund (500 g) Chicken Wings

2 Esslöffel (30 ml) Avocadoöl oder (30 g) Kokosöl

½ Teelöffel Meersalz

2 Teelöffel frisch gehackter Schnittlauch, plus etwas mehr zur Garnierung

ZUM SERVIEREN

Ranch-Dip (Seite 134)

Karottenstangen

Selleriestangen

1. Zubereitung der Buffalo-Soße: In einem kleinen Topf bei niedriger Hitze Kokoscreme, Kokosmilch, Tomatensoße, Kokos-Aminos, Honig, Zwiebelpulver, Knoblauchpulver, Ingwer, Kurkuma und Salz mischen. 8 bis 10 Minuten köcheln lassen, gelegentlich umrühren, damit die Kokoscreme schmilzt und sich die Aromen verbinden.

2. Das Meerrettichpulver teelöffelweise einrühren, abschmecken und Schärfe eventuell anpassen.

3. Die Pfeilwurzelstärke einrühren. 1 bis 2 Minuten kochen lassen, dabei umrühren, bis die Sauce andickt. Beiseitestellen.

4. Zubereitung der Chicken Wings: Den Ofen auf 200 °C vorheizen und ein Backblech mit Backpapier auslegen.

5. Die Chicken Wings auf das vorbereitete Backblech legen, mit dem Avocadoöl beträufeln und salzen. 30 Minuten backen.

6. Leicht abkühlen lassen, ehe die Chicken Wings mit der Buffalo-Soße bestrichen werden. Zurück in den Ofen stellen und weitere 15 bis 20 Minuten backen oder bis die Wings gar sind.

7. Mit dem Schnittlauch bestreuen und dem Ranch Dip, Karotten und Selleriestangen servieren

JAKOBSMUSCHELN MIT BACONMARMELADE

In Bacon gewickelte Jakobsmuscheln sind typische Partykost, können aber nach einer Weile etwas langweilig werden. Diese Jakobsmuscheln mit Baconmarmelade sind eine kreative Variante der klassischen Kombination und ebenso lecker.

VORBEREITUNGSZEIT 10 min   **ZUBEREITUNGSZEIT** 40 min
ERGIBT 4 Portionen

FÜR DIE BACON-MARMELADE

3 Scheiben Bacon, gehackt

1 mittlere gelbe Zwiebel, gewürfelt

250 g getrocknete Datteln, klein geschnitten

180 ml Wasser

60 ml Apfelessig

2 Esslöffel (40 g) Ahornsirup

Meersalz

FÜR DIE JAKOBS-MUSCHELN

1 Pfund (500 g) Jakobsmuscheln

¼ Teelöffel Meersalz

2 Esslöffel (30 ml) Avocadoöl

1. Zubereitung der Baconmarmelade: In einem mittelgroßen Topf bei mittlerer Hitze den Bacon 5 bis 7 Minuten braten, oder bis er leicht knusprig ist. Mit einem geschlitzten Löffel den Bacon herausnehmen und beiseitestellen, dabei das Fett im Topf lassen. Den Topf wieder auf den Herd stellen.

2. Die Zwiebel in das Bratfett geben und 5 bis 6 Minuten dünsten, bis sie glasig wird.

3. Die Datteln einrühren und mit einer Gabel in die Zwiebel drücken. Etwa 3 Minuten sautieren, bis sie weich sind.

4. Wasser, Essig, Ahornsirup und Bacon einrühren. Auf kleiner Flamme köcheln lassen und unter häufigem Rühren 10 bis 15 Minuten kochen, bis die Baconmarmelade dickflüssig wird. Mit Salz abschmecken. Vom Herd nehmen.

5. Zubereitung der Jakobsmuscheln: Die Jakobsmuscheln trocken tupfen und von beiden Seiten leicht mit Salz würzen.

6. Das Avocadoöl in einer mittelgroßen Pfanne bei mittlerer bis hoher Temperatur erhitzen.

7. Etwa die Hälfte der Jakobsmuscheln in die Pfanne geben und auf jeder Seite 2 Minuten anbraten. Auf einen Servierteller geben. Wiederholen, bis alle Jakobsmuscheln angebraten sind.

8. Jede Jakobsmuschel mit 1 bis 2 Esslöffeln (15 bis 30 g) Baconmarmelade bestreichen. (Die Menge hängt von der Größe der Jakobsmuscheln ab.) Mit Bambus-Zahnstochern servieren.

HINWEIS

Wahrscheinlich bleibt etwas Baconmarmelade übrig. Bewahren Sie die Marmelade drei bis vier Tage lang im Kühlschrank auf. Sie schmeckt hervorragend auf Crackern (z. B. als Teil der Charcuterie-Platte mit Crackern und Artischocken-Hummus auf Seite 42) und kann sogar auf Burgern serviert werden.

KOKOSGARNELEN MIT ANANAS-DIP-SOSSE

Ernsthaft: Sie werden nicht glauben, wie leicht dieses AIP-freundliche Rezept zu machen ist! Servieren Sie es als Vorspeise oder sogar als Hauptspeise mit einem Salat als Beilage.

VORBEREITUNGSZEIT 20 min **ZUBEREITUNGSZEIT** 10 min
ERGIBT 3 bis 4 Portionen

FÜR DIE DIP-SOSSE

120 g Joghurt auf Kokosnussbasis

45 g gewürfelte Ananas

2 Teelöffel Kokos-Aminos

¼ Teelöffel Meersalz, mehr nach Bedarf

FÜR DIE GARNELEN

340 g Garnelen, geschält und entdarmt

30 g Pfeilwurzelstärke

110 g Kokosöl, geschmolzen, in zwei Portionen, plus etwas mehr nach Bedarf

80 g ungesüßte Kokosflocken

1 Teelöffel Knoblauchpulver

½ Teelöffel Meersalz

1. Zubereitung der Dip-Soße: Alle Zutaten in einem Mixer leicht pürieren. Abschmecken und bei Bedarf die Gewürze anpassen. Beiseitestellen.

2. Zubereitung der Garnelen: Eine Panierstation einrichten, also die Garnelen auf einem sauberen Teller, die Pfeilwurzelstärke in einer Schüssel, ¼ Tasse (56 g) geschmolzenes Kokosöl in einer anderen Schüssel, die Kokosflocken mit Knoblauchpulver und Salz gemischt in einer dritten Schüssel und einen weiteren sauberen Teller für die panierten Garnelen bereitstellen.

3. Die Garnelen nacheinander in die Pfeilwurzelstärke, dann in das Kokosöl, dann in die Kokosnussmischung tauchen und schließlich auf die saubere Platte geben.

4. In einer großen, tiefen Pfanne bei mittlerer bis hoher Temperatur die restlichen 56 g Kokosöl erhitzen.

5. Vorsichtig die Hälfte der Garnelen in das heiße Öl geben. Ca. 2 Minuten auf jeder Seite braten, oder bis der Teig und die Garnelen gar sind. Mit einer Zange oder einem geschlitzten Löffel auf einen sauberen Servierteller geben. Mit den restlichen Garnelen wiederholen. Mit der Dip-Soße separat servieren.

GEMÜSEKROKETTEN

Kroketten sind ein klassisches Lieblingsessen von Kindern. Normalerweise kaufen wir sie gefroren in einem großen Beutel oder essen sie aus einer fetttriefenden Schachtel von einem Fast-Food-Restaurant. Egal, wo sie herkommen: Die klassischen Kroketten sind alles andere als gesund. Aber bei diesem Rezept ist das ganz anders, denn diese Kroketten stecken voller Gemüse, schmecken aber so lecker, dass Kinder sie trotzdem lieben werden!

VORBEREITUNGSZEIT 20 min   **ZUBEREITUNGSZEIT** 25 min
ERGIBT 20 bis 25 Kroketten

3 Esslöffel (40 g) Kokosöl, plus etwas mehr zum Einfetten des Backblechs

125 g Zucchini, klein geschnitten

75 g Brokkoliröschen

55 g geraspelte Karotten

35 g Kokosmehl

30 g Tapiokastärke

2 Esslöffel in Ringe geschnittene Frühlingszwiebeln

1 Esslöffel frische gehackte Petersilie

1 Teelöffel Zwiebelpulver

½ Teelöffel Meersalz

1 Gelatine-Ei (Seite 168)

1. Den Ofen auf 200 °C vorheizen und ein Backblech mit Backpapier auslegen. Leicht mit Kokosöl einfetten und beiseitestellen.

2. In einer Küchenmaschine die Zucchini, den Brokkoli und die Karotte so lange verarbeiten, bis alles fein gehackt ist. Das Gemüse in einen Nussmilchbeutel, ein Seihtuch oder ein Papierhandtuch geben und die überschüssige Flüssigkeit ausdrücken. Das Gemüse in eine große Schüssel geben und mit Kokosmehl, Tapiokastärke, Frühlingszwiebeln, Petersilie, Zwiebelpulver und Salz mischen.

3. Kokosöl unterheben.

4. Das Gelatine-Ei zubereiten, sofort unter die Mischung geben und alles gut vermengen. Die Gemüsemischung in kleine 2,5 cm große Kroketten formen (es sollten 20 bis 25 Stück werden) und in gleichmäßigen Abständen auf das vorbereitete Backblech legen. 25 Minuten lang backen und nach der Hälfte der Backzeit vorsichtig mit einer Zange umdrehen.

5. Abkühlen lassen. Die Kroketten entweder pur oder mit dem Ketchup ohne Nachtschattengewächse (Seite 24) servieren.

SALT AND VINEGAR KARTOTTENCHIPS

Mein Mann *liebt* Salt and Vinegar Chips, daher freue ich mich, dass er diese gesunde AIP-konforme Option genießen kann. Verwenden Sie große Karotten mit dem größtmöglichen Durchmesser, um größere Chips herzustellen.

VORBEREITUNGSZEIT 10 min   **ZUBEREITUNGSZEIT** 20 min
ERGIBT 2 Portionen

2 große Karotten, geschält, Enden abgeschnitten

2 Esslöffel (30 ml) Avocadoöl

1 Esslöffel (15 ml) Apfelessig

1 Teelöffel Meersalz

1. Den Ofen auf 215 °C vorheizen und ein Backblech mit Backpapier auslegen. Beiseitestellen.

2. Die Karotten mit einer Mandoline vorsichtig in 0,3 cm dicke Scheiben schneiden. Es sollten etwa 150 g Karottenchips werden. Die Chips in eine große Schüssel legen, Avocadoöl, Essig und Salz dazugeben und so lange schwenken, bis sie gut bedeckt sind. Die Chips in gleichmäßigen Abständen auf das vorbereitete Backblech legen. 20 Minuten backen, dabei nach der Hälfte der Backzeit umdrehen. Die Chips während der letzten etwa 5 Minuten der Backzeit genau beobachten und kleinere Chips, die schneller gar sind, früher aus dem Herd nehmen.

3. Gekühlt aufbewahren und als Snack oder Vorspeise genießen.

KOCHBANANEN-CHIPS

Diese Tropenfrucht ist die stärkehaltigere Cousine der Banane, schmeckt aber nicht sehr nach ihr. Wenn Sie sie aber in dünne Scheiben schneiden und backen, erhalten Sie wirklich leckere Chips.

VORBEREITUNGSZEIT 10 min **ZUBEREITUNGSZEIT** 20 min
ERGIBT 3 Portionen

2 grüne Kochbananen, Enden abgeschnitten

2 Esslöffel (30 ml) Avocadoöl

½ Teelöffel Meersalz

Saft einer halben Limette

1. Den Ofen auf 190 °C vorheizen und ein Backblech mit Backpapier auslegen. Beiseitestellen.

2. Einen Schnitt in der Mitte der Kochbananenschalen machen und die Banane schälen. Die Kochbananen mit einer Mandoline vorsichtig in 0,3 cm dicke Scheiben schneiden. Die Scheiben in gleichmäßigen Abständen auf das vorbereitete Backblech legen und mit Avocadoöl, Salz und Limettensaft bestreichen. 15 bis 20 Minuten backen, dabei ein- oder zweimal drehen, damit sie gleichmäßig und knusprig garen.

3. Mit Queso Blanco (Seite 54) oder Guacamole (Seite 53) als Dip servieren.

GUACAMOLE

Keine Party ohne Guacamole! Sie brauchen keine Nachtschattengewürze für eine fantastische Guacamole, denn der Knoblauch und die rote Zwiebel verleihen ihr den gewissen Kick.

VORBEREITUNGSZEIT 10 min **ERGIBT** 4 Portionen

2 mittlere reife Avocados, halbiert, entkernt und Fruchtfleisch ausgelöffelt

2 Esslöffel (30 ml) Avocadoöl

Saft einer Limette

1 Knoblauchzehe, gehackt

½ rote Zwiebel, gewürfelt

2 Esslöffel frischer gehackter Koriander

½ Teelöffel Meersalz, plus etwas mehr nach Bedarf

1. In einer mittelgroßen Schüssel das Avocadofruchtfleisch, das Avocadoöl und den Limettensaft mischen. Mit einer Gabel pürieren, bis alles glatt ist.

2. Knoblauch, rote Zwiebel, Koriander und Salz unterrühren und frisch servieren.

HINWEIS

Guacamole färbt sich braun, wenn sie über einen längeren Zeitraum stehen gelassen wird, und wird am besten frisch verzehrt. Verlängern Sie die Haltbarkeit, indem Sie mehr Limettensaft darüber geben und so die Oxidation verzögern.

QUESO BLANCO

Beginnen Sie den Tag mit diesem milchfreien »Käse«-Dip, der Sie an den bekannten Queso Blanco, wie »Weißer Käse« auf Spanisch heißt, erinnern wird. Er wird in den USA oft aus geschmolzenem Käse hergestellt. Servieren Sie diese Version mit Kochbananen-Chips (Seite 53) oder in Scheiben geschnittenem Gemüse.

VORBEREITUNGSZEIT 25 min **ZUBEREITUNGSZEIT** 10 min
ERGIBT 5 bis 6 Portionen

200 g gekochte, gestampfte Süßkartoffeln (wenn möglich weißfleischige)

240 ml Kokosmilch

160 ml Hühnerknochenbrühe (Seite 19)

2 Esslöffel Hefeflocken

1 Teelöffel Zwiebelpulver

1 Teelöffel Knoblauchpulver

½ Teelöffel Meersalz

1 Esslöffel Pfeilwurzelstärke

1 Teelöffel Apfelessig

1 Esslöffel gehackter frischer Koriander

Kochbananen-Chips (Seite 53), zum Servieren

1. Süßkartoffelpüree, Kokosmilch, Knochenbrühe, Hefeflocken, Zwiebelpulver, Knoblauchpulver und Salz in einem Hochleistungsmixer oder einer Küchenmaschine zu einem glatten Teig verarbeiten und alles in einem Topf auf mittlere Hitze bringen.

2. Die Pfeilwurzelstärke mit dem Schneebesen einrühren. 5 Minuten unter ständigem Rühren kochen lassen, bis die Mischung andickt.

3. Den Essig einrühren, vom Herd nehmen und die Mischung auf fünf oder sechs Schüsseln verteilen. Mit Koriander bestreuen und mit den Kochbananen-Chips servieren.

HINWEIS

Hannah-Süßkartoffeln sind die beste Option für dieses Gericht, da sie weniger süß sind. Falls Sie diese Sorte nicht finden können, wählen Sie am besten einfach eine andere weiße Sorte, falls verfügbar. Mit orangefarbenen Süßkartoffeln wird der Queso natürlich nicht weiß, schmeckt aber trotzdem genauso gut!

KAPITEL 5

SUPPEN, SALATE UND BEILAGEN

Suppen können im Rahmen der AIP ein unglaublich heilendes und nahrhaftes Grundnahrungsmittel sein, und Salate und gemüsereiche Beilagen verleihen einer Mahlzeit zusätzliche Nährstoffe, Texturen und Aromen. Mit der richtigen Suppe oder dem richtigen Salat zu Beginn einer Mahlzeit oder einer guten Beilage zu einem Protein kann eine ansonsten langweilige Mahlzeit im Nu aufgewertet und abgerundet werden. Ich weiß nicht, wie ich ohne eine wärmende Suppe wie das Butternuss-Bison-Chili (Seite 71) durch den Winter oder ohne ein leichtes, knuspriges Gericht wie den Picknick-Brokkoli-Slaw (Seite 84) durch den Sommer kommen würde.

← BUTTERNUSS-BISON-CHILI, Seite 71

BROKKOLI-»KÄSE«-SUPPE

Diese cremige, käsig-leckere Suppe ist die perfekte Möglichkeit, etwas Extra-Brokkoli in Ihre Ernährung zu bringen! Hefeflocken und Kokosmilch bilden den Ersatz für Käse und Sahne in diesem AIP-Rezept, das es jederzeit mit dem Klassiker aufnehmen kann.

VORBEREITUNGSZEIT 10 min   **ZUBEREITUNGSZEIT** 35 min
ERGIBT 4 Portionen

2 Esslöffel (30 g) Kokosöl

½ mittelgroße Zwiebel, gewürfelt

280 g mundgerechte Brokkoliröschen

110 g geraspelte Karotten

480 ml Hühnerknochenbrühe (Seite 19)

480 ml Kokosmilch

80 g Kokoscreme

3 Esslöffel Hefeflocken

½ Teelöffel Meersalz, mehr nach Bedarf

2 Teelöffel Pfeilwurzelstärke

1. Das Kokosöl in einem großen Topf bei mittlerer Hitze schmelzen.

2. Die Zwiebel hinzufügen und 5 bis 6 Minuten oder bis sie glasig wird dünsten.

3. Den Brokkoli, die Karotten, die Knochenbrühe, die Kokosmilch, die Kokoscreme, Hefeflocken und das Salz hinzufügen und gut umrühren, bis alle Zutaten vermischt sind. 20 bis 25 Minuten oder bis das Gemüse zart wird köcheln lassen.

4. Die Pfeilwurzelstärke einrühren und 1 weitere Minute köcheln lassen, um die Suppe leicht anzudicken. Abschmecken und warm servieren.

GEFÜLLTE BACK-»KARTOFFEL«-SUPPE

Genießen Sie alle Aromen und Zutaten einer gebackenen Kartoffel in dieser Suppenalternative, die ohne Nachtschattengewächse oder Milchprodukte auskommt! Sie wird mit Süßkartoffeln, Kokoscreme und all den klassischen Zutaten einer gefüllten Backkartoffel zubereitet.

VORBEREITUNGSZEIT 10 min **ZUBEREITUNGZEIT** 40 min
ERGIBT 5 bis 6 Portionen

440 g geschnittene und geschälte Süßkartoffel (weißfleischige, falls erhältlich)

2 Esslöffel (30 g) Kokosöl

½ mittelgroße weiße Zwiebel, gewürfelt

2 Knoblauchzehen, gehackt

1 Teelöffel Meersalz

720 ml Hühnerknochenbrühe (Seite 19)

270 bis 285 g Kokoscreme, plus zusätzlich 2 bis 3 Esslöffel in zwei Portionen

1 Esslöffel Pfeilwurzelstärke

3 Baconscheiben, gebraten und zerkleinert

2 Esslöffel geschnittenen Schnittlauch

1. Die Süßkartoffel in einen großen Suppentopf geben und mit Wasser bedecken. Den Topf auf mittlere Temperatur erhitzen und auf kleiner Flamme köcheln lassen. Etwa 15 Minuten kochen oder bis die Süßkartoffel gabelzart ist. Abseihen und die Süßkartoffel beiseitestellen.

2. Den Topf wieder auf mittlere Hitze bringen und das Kokosöl zum Schmelzen hineingeben.

3. Zwiebel, Knoblauch und Salz hinzufügen und 5 bis 6 Minuten dünsten oder bis die Zwiebel glasig ist.

4. Die Knochenbrühe, die Kokoscreme und die gekochte Süßkartoffel in den Topf geben. Auf kleiner Flamme köcheln lassen und die Pfeilwurzelstärke zum Andicken einrühren. 10 bis 15 Minuten köcheln lassen oder bis die Suppe warm und dickflüssig ist.

5. Die Suppe auf fünf bis sechs Schüsseln verteilen und mit Kokoscreme, Bacon und Schnittlauch garniert servieren.

HINWEIS

Diese Suppe kann auch mit jeder orangefleischigen Süßkartoffel hergestellt werden, schmeckt dann aber süßer.

Die Suppe ist auch zum Vorkochen geeignet. Dazu aber die Garnierung weglassen und frisch nach dem Aufwärmen dazugeben.

IMMUNSTÄRKENDE HÜHNERSUPPE

Es gibt doch nichts Schöneres als eine Hühnersuppe, wenn man sich angeschlagen fühlt. Diese Suppe ist wesentlich nährstoffreicher als die traditionelle Hühnernudelsuppe und enthält heilende Zutaten wie Knochenbrühe, Kurkuma, Ingwer und Knoblauch.

VORBEREITUNGSZEIT 10 min   **ZUBEREITUNGSZEIT** 45 min
ERGIBT 6 Portionen

2 Esslöffel (30 ml) Avocadoöl

1 gelbe Zwiebel, gewürfelt

2 Knoblauchzehen, gehackt

1 daumengroßes Stück frischer Ingwer, geschält und gerieben

110 g klein geschnittene Pastinake

130 g klein geschnittene Karotten

50 g klein geschnittener Sellerie

1,4 l Hühnerknochenbrühe (Seite 19)

Saft von 1 Zitrone

340 bis 450 g klein zerpflücktes gekochtes Hähnchenfleisch

1 Teelöffel gemahlenes Kurkuma

1 Teelöffel Meersalz, mehr nach Bedarf

130 g gehackter entstielter Grünkohl

2 Esslöffel frische gehackte Petersilie

1. In einem großen Suppentopf oder Schmortopf bei mittlerer Hitze das Avocadoöl erhitzen.

2. Zwiebel, Knoblauch und Ingwer hinzugeben und 5 bis 6 Minuten dünsten, oder bis die Zwiebel glasig ist.

3. Pastinaken, Karotte und Sellerie hinzufügen und weitere 5 Minuten dünsten lassen.

4. Knochenbrühe, Zitronensaft, Hähnchenfleisch, Kurkuma und Salz einrühren. Die Suppe auf kleiner Flamme zum Kochen bringen und 25 bis 30 Minuten oder bis das Gemüse gabelzart ist köcheln lassen.

5. Grünkohl und Petersilie dazugeben und noch 2 weitere Minuten oder bis der Grünkohl zusammengefallen ist köcheln lassen. Abschmecken und warm servieren.

HINWEIS

Dieses Gericht eignet sich gut zum Vorkochen, muss aber in einzelnen Glasbehältern gekühlt werden und kann dann im Laufe der Woche verzehrt werden. Für die Tiefkühllagerung Grünkohl und Petersilie weglassen und diese frisch hinzugeben, wenn die Suppe wieder erhitzt wird, und dabei umrühren, damit der Grünkohl zusammenfällt.

HÄHNCHEN-POT-PIE-SUPPE

Der ganze Genuss eines Hähnchen-Pot-Pie in Suppenform. Diese nahrhafte Suppe ist wesentlich weniger zeitaufwendig und viel einfacher, als ein Chicken Pot Pie von Grund auf zuzubereiten, aber Sie können natürlich zusätzlich eine knusprige kleine Brotkruste zubereiten! Die von mir verwendete Ausstechform in Hühnerform ist ebenfalls optional, ergibt aber eine ziemlich niedliche Kruste, wenn ich das so sagen darf.

VORBEREITUNGSZEIT 25 min   **ZUBEREITUNGSZEIT** 1 Stunde
ERGIBT 3 bis 4 Portionen

FÜR DIE HÄHNCHEN-POT-PIE-SUPPE

110 g grob zerkleinerte Pastinaken

240 ml Kokosmilch

1 Esslöffel Pfeilwurzelstärke

1 Esslöffel Kokosöl

1 Pfund (500 g) Hähnchenbrust ohne Knochen, in Würfel geschnitten

1 Teelöffel Meersalz, in 2 Portionen

1 mittelgroße Zwiebel, gewürfelt

130 g Karotten, gewürfelt

110 g Pastinaken, gewürfelt

2 Selleriestangen, klein geschnitten

71 g Brokkoli, klein geschnitten

720 ml Hühnerknochenbrühe (Seite 19)

1 Teelöffel frische Thymianblättchen, gehackt

FÜR DIE BROTKRUSTE IN HÜHNERFORM (OPTIONAL)

60 g Kokosöl, plus etwas mehr zum Einfetten des Backpapiers

70 g Maniokmehl

30 g Erdmandelmehl

30 g Pfeilwurzelstärke, plus etwas mehr zum Bestäuben der Hände

½ Teelöffel Backnatron

¼ Teelöffel Meersalz

1 Gelatine-Ei (Seite 20)

1. Zubereitung der Hähnchen-Pot-Pie-Suppe: Einen mittelgroßen Suppentopf etwa zur Hälfte mit Wasser füllen und bei mittlerer Hitze köcheln lassen.

2. Die grob zerkleinerten Pastinaken hinzufügen und 7 bis 12 Minuten oder bis sie gabelzart sind kochen lassen. Abseihen, leicht abkühlen lassen.

3. In einem Mixer die gekochte Pastinake, Kokosmilch und Pfeilwurzelstärke pürieren, bis alles glatt und cremig ist. Beiseitestellen.

4. Den Suppentopf wieder auf mittlere Hitze bringen und das Kokosöl darin schmelzen. Das Hähnchen mit ½ Teelöffel Salz würzen. In den Topf geben und 5 bis 7 Minuten oder bis die Fleischinnentemperatur 74 °C auf einem Fleischthermometer erreicht braten. Mit einem Schaumlöffel das Hähnchenfleisch herausnehmen, dabei das Öl im Topf lassen.

5. Die Zwiebel zum Öl im Suppentopf geben und 5 bis 6 Minuten oder bis sie glasig wird dünsten.

6. Karotte, gewürfelte Pastinaken, Sellerie und Brokkoli zugeben und ca. 5 Minuten dünsten.

(fortgesetzt)

7. Knochenbrühe und Thymian dazugeben und 15 bis 20 Minuten oder bis das Gemüse gabelzart ist köcheln lassen.

8. Die Pastinakenmischung und das Hähnchenfleisch in den Topf zurückgeben und gut umrühren. Weitere 5 Minuten köcheln lassen.

9. Nach Wunsch mit Brotkrusten (Rezept nachfolgend) belegen und warm servieren

10. Zubereitung der Brotkrusten in Hühnerform: Den Ofen auf 180 °C vorheizen. Ein Backblech mit Backpapier auslegen und leicht mit Kokosöl einfetten. Beiseitestellen.

11. Die trockenen Brotkrustenzutaten in einer großen Schüssel mischen.

12. Kokosöl unterheben.

13. Das Gelatine-Ei zubereiten und zur Mischung geben und rühren, bis ein Teig entsteht. Den Teig auf ein Backbrett oder frisches Backpapier legen. Die Hände leicht mit Pfeilwurzelstärke bestäuben, falls der Teig zu klebrig ist.

14. Mit jeweils 60 bis 90 g Teig arbeiten und die Teigstücke flach drücken, bis sie etwa 1 cm dick sind. Hierfür einen hühnerförmigen Ausstecher (oder eine andere Form nach Wahl) verwenden, um kleine Brot-Hühnchen zu erhalten. Den überschüssigen Teig mit den Fingern von der Außenseite des Ausstechers wegdrücken und die Brotkruste auf das vorbereitete Backblech legen. Den Vorgang mit dem restlichen Teig wiederholen, dabei aber darauf achten, dass die Brotkrusten gleichmäßig auf dem Backblech verteilt sind. 10 bis 12 Minuten lang oder bis sie goldbraun sind backen.

15. Um schönere Krusten zu erhalten, jede auf die flache Seite drehen und mit einem Messer sorgfältig alle Details in die Kruste ritzen (wie z. B. einen Flügel oder ein Auge). Brotkrusten leicht abkühlen lassen, ehe sie mit der Suppe serviert werden.

HINWEIS

Verwenden Sie für eine andere Brotkrusten-form einfach andere Ausstecher oder formen Sie ein flaches Teigstück nach Ihren Vorstellungen.

TOM KHA GAI

Tom Kha Gai ist eine thailändische Hühnersuppe, die traditionell ziemlich scharf ist. Diese Version ist wesentlich milder und dennoch nahrhaft und wärmend!

VORBEREITUNGSZEIT 10 min   **ZUBEREITUNGSZEIT** 20 min
ERGIBT 4 Portionen

- 2 Esslöffel (30 g) Kokosöl
- 1 Pfund (500 g) Hähnchenbrust ohne Knochen, in Streifen (ca. 2,5 cm lang) geschnitten
- 2,5 cm frischer Ingwer, geschält und gerieben
- 70 g in Scheiben geschnittene Shiitake-Pilze
- 480 ml Hühnerknochenbrühe (Seite 19)
- 480 ml Kokosmilch
- 1 Stängel Zitronengras, dicke äußere Schichten entfernt, in 2,5 cm große Stücke geschnitten
- 2 Esslöffel frische Thai-Basilikumblätter, in 2 Portionen
- 1 Esslöffel (15 ml) Fischsoße
- 60 ml frischer Limettensaft
- 1 Teelöffel Meersalz
- 1 Esslöffel gehackter frischer Koriander
- 3 bis 4 Limettenspalten

1. Das Kokosöl in einem großen Topf bei mittlerer Hitze schmelzen.

2. Das Hähnchen hinzufügen und ca. 2 Minuten anbraten (es ist zu diesem Zeitpunkt noch nicht durchgegart). Mit einem Schaumlöffel herausnehmen, dabei das Fett im Topf lassen.

3. Ingwer und Pilze in den Topf geben und 2 bis 3 Minuten dünsten.

4. Knochenbrühe und Kokosmilch dazugießen. Das Zitronengras, 1 Esslöffel Basilikum, die Fischsoße, den Limettensaft und Salz einrühren. Das Hähnchen zurück in den Topf geben und etwa 20 Minuten oder bis es gar ist köcheln lassen.

5. Mit dem Koriander und 1 Esslöffel Basilikum garnieren und servieren. Die Limettenspalten werden extra dazu gereicht.

Suppen, Salate und Beilagen

ITALIENISCHE HOCHZEITSSUPPE

Dieser italienisch-amerikanische Klassiker ist unglaublich sättigend! Bei dieser Suppe werden Fleischklößchen, Heilbrühe, nahrhaftes Gemüse und Kräuter zu einer nährstoffreichen, üppigen und herzhaften Suppe vereint.

VORBEREITUNGSZEIT 15 min   **ZUBEREITUNGSZEIT** 55 min
ERGIBT 6 Portionen

ZUTATEN FÜR FLEISCHKLÖSSCHEN

- 1 Pfund (500 g) Rinderhack
- 1 Pfund (500 g) Schweinehack
- 1 Esslöffel fein gehackte frische Petersilie
- 1 Knoblauchzehe, fein gehackt
- 1 Teelöffel Meersalz
- 1 Esslöffel (15 ml) Olivenöl

ZUTATEN FÜR DIE SUPPE

- 1 Esslöffel (15 ml) Olivenöl
- 1 gelbe Zwiebel, gewürfelt
- 1 Knoblauchzehe, gehackt
- 130 g Karotten, klein geschnitten
- 100 g Sellerie, klein geschnitten
- 200 g Blumenkohl-Reis (Seite 22)
- 1,4 l Hühnerknochenbrühe (Seite 19)
- ½ bis 1 Teelöffel Meersalz, plus etwas mehr nach Bedarf
- 120 g frischer Spinat, gehackt

1. Zubereitung der Fleischklößchen: In einer großen Schüssel mit den Händen Rinder- und Schweinehack, Petersilie, Knoblauch und Salz mischen, bis alles gut eingearbeitet ist. Die Fleischmischung zu kleinen Fleischbällchen (2,5 cm) formen (es sollten etwa 40 Fleischbällchen sein) und beiseitestellen.

2. In einem großen Suppentopf oder Schmortopf bei schwacher Hitze das Olivenöl erhitzen.

3. Die Hälfte der Fleischklößchen dazugeben und anbraten, bis sie außen knusprig sind und die Fleischinnentemperatur 71 °C auf einem Fleischthermometer erreicht hat, ca. 5 bis 7 Minuten. Mit einem Schaumlöffel aus dem Topf nehmen. Mit den restlichen Fleischklößchen wiederholen. Die gebratenen Fleischklößchen beiseitelegen und das Fett aus dem Topf abgießen.

4. Zubereitung der Suppe: Den Topf wieder auf niedrige Temperatur bringen und das Olivenöl darin erhitzen.

5. Zwiebel und Knoblauch dazugeben und 5 bis 6 Minuten oder bis die Zwiebel glasig ist dünsten.

6. Karotte und Sellerie hinzufügen und weitere 5 Minuten oder bis das Gemüse leicht gabelzart ist dünsten lassen.

7. Den Blumenkohl-Reis einrühren und 3 Minuten leicht anbraten.

8. Knochenbrühe und Salz einrühren und auf kleiner Flamme 10 bis 15 Minuten köcheln lassen.

9. Die Fleischklößchen hinzufügen und weitere 5 bis 10 Minuten oder bis die Fleischklößchen warm und das Gemüse zart ist köcheln lassen.

10. Herdplatte abschalten, Spinat zugeben und rühren, bis er zusammenfällt. Falls gewünscht, mit etwas mehr Salz abschmecken.

HINWEIS

Die Suppe kann drei bis vier Tage lang in einzelnen Glasbehältern im Kühlschrank aufbewahrt werden und eignet sich somit zum Vorkochen.

BUTTERNUSS-BISON-CHILI

Chili gehört zu den Gerichten, bei denen es unmöglich scheint, sie AIP-freundlich zu gestalten. Wie soll man das ohne Bohnen, Tomaten und Gewürze bewerkstelligen? Dieses Butternuss-Bison-Chili besitzt alle Aromen und die Beschaffenheit eines Chilis, jedoch ohne Hülsenfrüchte und Nachtschattengewürze. Dieses Chili ist schnell zum Favoriten im Hoover-Haushalt avanciert.

VORBEREITUNGSZEIT 15 min   **ZUBEREITUNGSZEIT** 50 min
ERGIBT 4 Portionen

- 1 Esslöffel (15 ml) Avocadoöl
- 1 Pfund (500 g) Bisonhack oder Rinderhack
- 1 mittelgroße weiße Zwiebel, gewürfelt
- 2 Knoblauchzehen, gehackt
- 420 g Butternusskürbis, klein geschnitten
- 130 g Karotten, klein geschnitten
- 250 g »Tomaten«-Soße ohne Nachtschattengewächse (Seite 25)
- 1 l Hühnerknochenbrühe (Seite 19) oder Rinderknochenbrühe (Seite 18)
- 3 Esslöffel gehackter frischer Koriander, in zwei Portionen (1 Portion für die Garnitur)
- 2 Teelöffel getrockneter Oregano
- 1 Teelöffel Meersalz
- 135 g Grünkohl, entstielt und gehackt
- Saft von 1 Limette
- 1 oder 2 Avocados, entkernt, geschält und in Scheiben geschnitten

1. In einem großen Topf bei mittlerer Hitze das Avocadoöl erhitzen.

2. Das Bison- oder Rinderhack hinzufügen und 5 bis 7 Minuten braten lassen und dabei mit der Rückseite eines Löffels aufbrechen, bis es gebräunt ist. Das Fleisch mit einem Schaumlöffel herausnehmen und etwa 2 Esslöffel (30 ml) Fett im Topf lassen.

3. Den Topf wieder auf den Herd stellen und die Zwiebel und den Knoblauch unterrühren. 5 bis 6 Minuten braten lassen, oder bis die Zwiebel glasig wird.

4. Den Butternusskürbis und die Karotten hinzufügen und 5 Minuten mitdünsten lassen.

5. »Tomaten«-Soße, Knochenbrühe, 2 Esslöffel Koriander, Oregano, Salz und gebratenes Hackfleisch einrühren. Auf kleiner Flamme köcheln lassen und unter häufigem Umrühren 25 bis 30 Minuten köcheln. Die Flüssigkeit sollte reduzieren, wodurch ein dickeres Chili entsteht.

6. Den Grünkohl hinzufügen und unter Rühren einige Minuten mitgaren lassen, damit er weich wird. Vom Herd nehmen, auf vier Suppenschüsseln verteilen und mit dem restlichen 1 Esslöffel Koriander, dem Limettensaft und der Avocado garnieren.

HINWEIS

Dieses Gericht kann drei bis vier Tage lang in einzelnen Glasbehältern im Kühlschrank aufbewahrt werden und eignet sich somit zum Vorkochen. Garnieren Sie es vor dem Verzehr mit frischer Avocado und Koriander.

Suppen, Salate und Beilagen

TRADITIONELLES UNGARISCHES GULASCH

Da ich halb Ungarin bin, möchte ich Ihnen unbedingt ein AIP-freundliches Gulaschrezept verraten! Traditionelles ungarisches Gulasch ist ein deftiger Eintopf, der aus Rindfleisch, Rinderbrühe, Tomaten, Kartoffeln, Paprika und Kümmel zubereitet wird. Eigentlich hielt ich es für unmöglich, eine AIP-Version davon zu kreieren, aber dank meiner Mutter – geboren und aufgewachsen in Budapest – gelang mir schließlich dieses Alternativrezept.

VORBEREITUNGSZEIT 20 min   **ZUBEREITUNGSZEIT** 1 Stunde, 45 min
ERGIBT 4 Portionen

- 3 Teelöffel (40 g) Rindertalg oder 45 ml Avocadoöl
- 1 Pfund (500 g) Rindergulasch
- ¾ Teelöffel Meersalz, in 2 Portionen
- 1 mittelgroße Zwiebel, gewürfelt
- 3 Knoblauchzehen, gehackt
- 130 g Karotten, klein geschnitten
- 220 g Pastinaken, klein geschnitten
- 400 g Sellerieknolle, klein geschnitten
- 960 ml Rinderknochenbrühe (Seite 18)
- 250 g »Tomaten«-Soße ohne Nachtschattengewächse (Seite 25)
- 2 bis 3 Teelöffel (10 bis 15 g) Meerrettich
- ¼ Teelöffel gemahlenes Kurkuma
- 3 Lorbeerblätter

1. In einem großen Schmortopf bei mittlerer Hitze den Rindertalg schmelzen lassen.

2. Das Gulaschfleisch hinzufügen und mit etwa der Hälfte des Salzes würzen. Das Gulaschfleisch 4 bis 6 Minuten anbraten. Mit einem Schaumlöffel das Rindfleisch herausnehmen, dabei das Fett im Topf lassen.

3. Zwiebel und Knoblauch in den Topf geben und 5 bis 6 Minuten oder bis die Zwiebel glasig wird dünsten.

4. Karotte, Pastinake und Sellerieknolle hinzufügen und 5 Minuten dünsten.

5. Knochenbrühe, »Tomaten«-Soße, 2 Teelöffel Meerrettich, Kurkuma, Lorbeerblätter und das restliche Salz unter Rühren einrühren, bis alles gut eingearbeitet ist. Auf kleiner Flamme köcheln lassen. Den Topf zudecken und 90 Minuten köcheln lassen, dabei gelegentlich umrühren. Das Gulaschfleisch sollte zart sein.

6. Abschmecken und mehr Meerrettich hinzufügen, wenn ein schärferes Gulasch gewünscht wird. Lorbeerblätter entfernen und entsorgen und das Gulasch warm servieren.

MEERESFRÜCHTE-EINTOPF

Dieser Eintopf ist nicht nur nährstoffreich und herzhaft, er ist auch die perfekte Suppe für Meeresfrüchte-Fans. Servieren Sie ihn als Hauptgericht »pur« oder mit einigen Crackern (siehe Charcuterie-Platte mit Crackern und Artischocken-Hummus, Seite 42) für den Knusper-Faktor.

VORBEREITUNGSZEIT 10 min **ZUBEREITUNGSZEIT** 35 min
ERGIBT 4 Portionen

- 2 Esslöffel (30 g) Kokosöl
- 1 mittelgroße Zwiebel, gewürfelt
- 2 Knoblauchzehen, gehackt
- 100 g Sellerie, klein geschnitten
- 130 g Karotten, klein geschnitten
- 110 g Pastinaken, klein geschnitten
- 700 ml Hühnerknochenbrühe (Seite 19) oder Fischbrühe
- 475 ml Kokosmilch
- 120 g Kokoscreme
- ½ Teelöffel Meersalz, plus etwas mehr nach Bedarf
- 1 Teelöffel getrockneter Thymian
- 1 Kabeljaufilet, entgrätet und in Würfel geschnitten
- 1 Lachsfilet, entgrätet und in Würfel geschnitten
- 10 bis 12 mittelgroße Garnelen, geschält und entdarmt
- 1 Esslöffel gehackte frische Petersilie

1. In einem großen Schmortopf bei mittlerer Hitze das Kokosöl schmelzen.

2. Zwiebel und Knoblauch hinzufügen und 5 bis 6 Minuten glasig dünsten lassen.

3. Sellerie, Karotte und Pastinaken hinzufügen und 7 bis 8 Minuten oder bis das Gemüse leicht gabelzart ist dünsten lassen.

4. Knochenbrühe, Kokosmilch, Kokoscreme, Salz und Thymian dazugeben. Zum Kochen bringen und 10 Minuten köcheln lassen.

5. Kabeljau, Lachs und Garnelen dazugeben und weitere 5 bis 8 Minuten köcheln lassen, oder bis die Garnelen rosa sind und der Fisch flockig und vollständig gegart ist. Abschmecken und mit Petersilie garniert servieren.

Suppen, Salate und Beilagen

ERNTESALAT

Je mehr Herbstgeschmack, desto besser, oder? Salate passen nicht nur zum Sommer, und dieses Rezept beweist es! Dieser leichte, einfache Salat eignet sich hervorragend als Beilage zu einem herbstlichen Abendessen oder sogar für die Weihnachtsfeiertage. Soll es etwas herzhafter sein, können Sie auch Hähnchen hinzufügen.

VORBEREITUNGSZEIT 5 min **ZUBEREITUNGSZEIT** 20 min
ERGIBT 4 Portionen

80 ml Olivenöl

2 Esslöffel (30 ml) Rotweinessig

2 Esslöffel (30 ml) Granatapfelsaft

½ Teelöffel Meersalz

FÜR DEN SALAT

1 Esslöffel (15 ml) Avocadoöl

1 Teelöffel Meersalz, in 2 Portionen

1 Delicata-Kürbis, Enden abgeschnitten, in 0,8 cm-dicke Ringe geschnitten, entkernt

400 g Grünkohl, entstielt und zerpflückt

1 Esslöffel (15 ml) Olivenöl

1 rote Zwiebel, gewürfelt

1 Birne, in Scheiben geschnitten

90 g Granatapfelkerne

1. Zubereitung des Dressings: In einer mittelgroßen Schüssel alle Zutaten für das Dressing mischen und mit dem Schneebesen verrühren. Beiseitestellen.

2. Zubereitung des Salats: Den Ofen auf 200 °C vorheizen und ein Backblech mit Backpapier auslegen.

3. Die Kürbisringe auf das vorbereitete Backblech legen und mit dem Avocadoöl und ½ Teelöffel Salz bestreuen. 20 Minuten backen, dabei aber nach der Hälfte der Backzeit einmal umdrehen. Zum Abkühlen beiseitestellen.

4. Während der Kürbis backt, in einer großen Servierschüssel Grünkohl, Olivenöl und einen halben Teelöffel Salz vermengen, dabei den Grünkohl etwa 5 Minuten wie einen Teig kneten, damit er weich und mit dem Öl überzogen wird.

5. Die Kürbisringe, die rote Zwiebel, Birne und Granatapfelkerne auf den Grünkohl schichten. Das Dressing extra servieren oder vorsichtig unter den Salat mischen.

AVOCADO-PESTO-HÄHNCHENSALAT

Man braucht keine Mayonnaise, um Hühnchensalat zu machen! Dieser Hühnchensalat wird mit einem cremigen und schmackhaften Avocado-Pesto zubereitet, das nuss- und milchfrei ist und voller frischer Kräuter und Gemüse steckt. Der Salat lässt sich hervorragend bei einem Picknick oder als sättigendes Mittagessen servieren.

VORBEREITUNGSZEIT 15 min   **ERGIBT** 2 bis 3 Portionen

FÜR DAS AVOCADO-PESTO

1 große Avocado, entkernt und geschält

20 g frische Basilikumblätter

60 ml Olivenöl

2 Esslöffel (30 ml) frischer Zitronensaft

¾ Teelöffel Meersalz

1 Teelöffel Zwiebelpulver

FÜR DEN HÜHNCHEN-SALAT

5 oder 6 rote Salatblätter oder Kopfsalatblätter

450 g gekochte Hähnchenbrust, klein geschnitten

½ rote Zwiebel, in dünne Scheiben geschnitten

75 g grüne Weintrauben, in Scheiben geschnitten

1. Zubereitung des Avocado-Pestos: Alle Pesto-Zutaten in einem Hochleistungsmixer vollständig pürieren. Beiseitestellen.

2. Zusammenstellung des Salats: Eine große Schüssel mit den Salatblättern auslegen und beiseitestellen.

3. In einer mittelgroßen Schüssel das Hähnchenfleisch, die rote Zwiebel, die Trauben und das Avocado-Pesto mischen, bis alles gut vermengt ist. Den Hähnchensalat in die mit Salat ausgelegte Schüssel geben und sofort servieren.

HINWEIS

Die Avocado beginnt innerhalb weniger Stunden zu oxidieren und braun zu werden, sodass dieser Salat am besten sofort gegessen werden sollte.

Natürliche Produkte
AUS UNSEREM ONLINESHOP

BIO SCHWARZ-KÜMMELÖL

* IN BIO-QUALITÄT

nativ, ungefiltert und naturrein. Da es nicht gefiltert wird, enthält es alle wertvollen Trüb- und Schwebstoffe der Schwarzkümmelsamen mit ihren Inhaltsstoffen.

500 ml, Best.-Nr. 25837
€ 16,90

SPAREN SIE 5%
AUF IHRE NÄCHSTE BESTELLUNG MIT DEM RABATTCODE
UNIBU20
EINMAL PRO KUNDE/ BESTELLUNG EINLÖSBAR, NICHT AUF PREISGEBUNDENE ARTIKEL.

OPC TRAUBENKERNEXTRAKT

Nahrungsergänzungsmittel mit Traubenkernextrakt aus französischen Weintrauben und Extraktion in Frankreich. Eine Kapsel enthält 400 mg Traubenkernextrakt, davon 190 mg OPC.

180 Kapseln, Best.-Nr. 25218   • € 19,50

FRUCHTGUMMIS

Fruchtgummis mit Mission: VITAL Multivitamin Fruchtgummis von Unimedica läuten eine neue Ära ein! Die neue, innovative Form der Nahrungsergänzung: Vitamine und Mineralstoffe zum Naschen ohne Zucker. So nimmt man Vitalstoffe gerne ein!

Immun Holunder Zink*
40 Stück   Best.-Nr. 27966
Beauty Vitamine*
60 Stück   Best.-Nr. 27993
Vital - Multivitamin*
60 Stück   Best.-Nr. 27994
• € 9,90
Set- Fruchtgummi*
480g   Best.-Nr. 28243
• € 29,70

OREGANO ÖL FORTE

Oregano Öl, 100 % natürlich rein, ohne Zusätze. Jede Flasche Oregano Öl von Unimedica enthält 10 ml ätherisches Oregano Öl. Dieser Oregano Extrakt ist sehr hoch konzentriert und mit 86% Carvocrol intensiver als viele anderen Produkte.

10 ml Best.-Nr. 25778 • € 16,90

Unsere BESTSELLER

Propolis 30% Tinktur 50 ml
Best.-Nr. 25589 • € 19,90

Magnesium Öl 100 ml
Original Zechsteiner
Best.-Nr. 25552 • € 12,50

Bio Rizinusöl 200 ml
Best.-Nr. 26220 • € 19,50

Bio Jojobaöl 50 ml
Best.-Nr. 25838 • € 10,90

Bio Arganöl 50 ml
Best.-Nr. 25839 • € 10,90

Magnesiumflocken 750 g
Original Zechsteiner
Best.-Nr. 26094 • € 12,90

BIO SUPERFOODS

Matcha Pulver Bio
100 g, Best.-Nr. 25766 • € 16,–

Rote Beete Pulver Bio
500 g, Best.-Nr. 25759 • € 17,–

Hagebuttenpulver Bio
500 g, Best.-Nr. 25845 • € 11,90

Curcuma Pulver Bio
500 g, Best.-Nr. 25851 • € 9,90

Chiasamen Bio
500 g, Best.-Nr. 25756 • € 6,90

Hanfsamen Bio
500 g, Best.-Nr. 25841 • € 8,90

Kakao Nibs Bio
300 g, Best.-Nr. 25761 • € 9,50

* IN BIO-QUALITÄT

UNIMEDICA

BIO Ashwagandha 600 mg
Wird seit jeher in der ayurvedischen Naturheilkunde aufgrund seiner vielfältigen Eigenschaften sehr geschätzt.
180 Kapseln, Best.-Nr. 25637 • € 16,50

Camu-Camu-Extrakt 500 mg
Hochdosiertes natürliches Vitamin C.
120 Kapseln, Best.-Nr. 24911 • € 13,50

Acerola-Extrakt 494 mg
Hochdosiertes natürliches Vitamin C.
180 Kapseln, Best.-Nr. 24912 • € 19,50

Vitamin B12-Lutschtabletten
Für ein funktionierendes Nerven- und Immunsystem.
100 Tabletten, Best.-Nr. 24913 • € 14,90

L-Arginin 620 mg
Hochdosiertes rein pflanzliches L-Arginin.
365 Kapseln, Best.-Nr. 24944 • € 18,50

Bio-Grapefruit-Extrakt
Hochkonzentriertes Bio-Grapefruit-Extrakt.
100 ml, Best.-Nr. 24945 • € 17,90

Magnesium forte 667 mg
Nahrungsergänzungsmittel mit 400 mg elementares Magnesium
365 Kapseln, Best.-Nr. 25219 • € 17,50

Veganes Vitamin D3
30 ml
Best.-Nr. 26320
€ 22,50

Vitamin-D3-Tropfen
50 ml,
Best.-Nr. 24904
€ 12,99

Vitamin-D3/K2-Tropfen
50 ml, Best.-Nr. 24905
€ 18,90

Hyaluronsäure Kapseln
90 Kapseln,
Best.-Nr. 24906 • € 14,50

Schwarzkümmelöl-Kapseln 500 mg
400 Kapseln, Best.-Nr. 24951
€ 19,80

MCT-Öl C8+C10 gefiltert
500 ml, Best.-Nr. 25179 • € 15,99

Bio Hanföl *
250 ml,
Best.-Nr. 24952
€ 8,50

Bio Kokosöl nativ *
1000 ml,
Best.-Nr. 24954
€ 12,90

* IN BIO-QUALITÄT

Weitere Bücher für ein natürlich gesundes Leben
VON UNIMEDICA

Michael Greger / Gene Stone
HOW NOT TO DIE
Entdecken Sie Nahrungsmittel, die Ihr Leben verlängern - und bewiesenermaßen Krankheiten vorbeugen und heilen.
512 Seiten, geb., Best.-Nr. 20587 • € 24,80

Michael Greger / Gene Stone
DAS HOW NOT TO DIE KOCHBUCH
Über 100 Rezepte, die Krankheiten vorbeugen und heilen.
272 Seiten, geb., Best.-Nr. 22997 • € 29,–

Dr. Gabor Maté
WENN DER KÖRPER NEIN SAGT
Wie chronischer Stress krank macht und was Sie dagegen tun können.
328 Seiten, kart., Best.-Nr. 25537 • € 24,80

Shawn Achor
DAS HAPPINESS-PRINZIP
Wie Sie mit 7 Bausteinen der Positiven Psychologie erfolgreicher und leistungsfähiger werden
318 Seiten, kart., Best.-Nr. 25290 • € 19,80

Dr. Judy Mikovits / Kent Heckenlively
DIE PEST DER KORRUPTION
Wie die Wissenschaft unser Vertrauen zurückgewinnen kann.
Mit einem Vorwort von Robert F. Kennedy, Jr.
282 Seiten, geb., Best.-Nr. 25855 • € 19,80

Andreas Moritz
DIE WUNDERSAME LEBER- UND GALLENBLASENREINIGUNG
Ein kraftvolles, selbst durchführbares Verfahren für mehr Gesundheit und Vitalität
496 Seiten, kart., Best.-Nr. 17048 • € 22,90

Direkt bestellen bei: www.narayana-verlag.de

In unserem Onlineshop führen wir ein großes Sortiment an Büchern über gesunde Lebensführung, Naturkost-Produkte, Superfoods und vieles mehr.

Online finden Sie ausführliche Informationen zu den einzelnen Titeln sowie aussagekräftige Leseproben.

© Narayana Verlag GmbH 2021. Unimedica ist ein Imprint des Narayana Verlags.

Bestellhotline:
0049 (0) 76 26 97 49 70-0
Täglich 7.30 bis 21.00 Uhr,
auch am Wochenende

Narayana Verlag GmbH,
Blumenplatz 2, D-79400 Kandern
info@narayana-verlag.de

Versandkosten: Innerhalb Deutschlands ist Versand von Büchern portofrei, für andere Produkte: € 2,80. Ab Auftragswert von € 29,– ist Versand für alle Produkte portofrei. Österreich, Schweiz: Ab Auftragswert von € 60,– ist Versand portofrei.

Geschäftsführer: Dr. Herbert und Katrin Sigwart, HR: Amtsgericht Freiburg, HRB 413609, Redaktioneller Inhalt: Dr. Katrin Sigwart. Preisänderungen oder Irrtümer sind vorbehalten.

CAESAR SALAD

Es sind nicht nur der Käse und die Croutons, die einen Caesar Salad so unwiderstehlich machen. Das Dressing für diesen Salat ist leicht, lecker und passt perfekt zum knusprigen Römersalat. Verwandeln Sie den Salat in eine Mahlzeit, indem Sie Hühnchen hinzufügen, oder servieren Sie ihn als Beilage.

VORBEREITUNGSZEIT 15 min   **ERGIBT** 3 Portionen

FÜR DAS DRESSING

2 oder 3 flache Sardellenfilets (s. Hinweis)

160 ml Avocadoöl

2 Esslöffel (30 ml) frischer Zitronensaft

1 Knoblauchzehe, geschält

¼ Teelöffel Meersalz, plus etwas mehr nach Bedarf (s. Hinweis)

FÜR DEN SALAT

190 g geschnittenen Römersalat

1 rote Zwiebel, gewürfelt

3 oder 4 Radieschen, in Scheiben geschnitten

230 g gekochte Hähnchenbrust, gewürfelt (optional)

1. Zubereitung des Dressings: 2 Sardellenfilets, Avocadoöl, Zitronensaft, Knoblauch und Salz in einem Hochleistungsmixer pürieren. Abschmecken und mehr Salz oder eine weitere Sardelle hinzufügen, falls gewünscht. Beiseitestellen.

2. Zubereitung des Salats: In einer großen Servierschüssel Salat, rote Zwiebel, Radieschen und Hähnchen (falls verwendet) mischen und vermengen.

3. Das Dressing hinzufügen und vorsichtig mischen, bis der Salat mit dem Dressing gut vermengt ist.

HINWEIS

Verwenden Sie in Olivenöl oder Wasser eingelegte Sardellen. Wenn Sie ein milderes Dressing bevorzugen, verwenden Sie zwei Sardellen, und drei oder mehr für einen kräftigeren Geschmack. Bei drei oder mehr Sardellen verwenden Sie weniger Salz.

GEBRATENER KOHL NACH SÜDSTAATEN-ART

Kohl ist eines meiner Lieblingsgemüse beim Kochen. Er ist preiswert, leicht zuzubereiten und schmeckt hervorragend! Dieser gebratene Kohl eignet sich gut als Beilage für ein Barbecue.

VORBEREITUNGSZEIT 10 min   **ZUBEREITUNGSZEIT** 20 min
ERGIBT 3 Portionen

5 Streifen Bacon, klein geschnitten

2 Knoblauchzehen, gehackt

1 mittelgroße Zwiebel, gewürfelt

1 Kopf Weißkohl, ohne Strunk und in Scheiben geschnitten

Meersalz

1. Den Bacon in einem großen Schmortopf bei mittlerer Hitze 4 bis 6 Minuten knusprig braten. Mit einem Schaumlöffel den Bacon herausnehmen und das Fett im Topf belassen.

2. Knoblauch und Zwiebel in den Topf geben und 5 bis 6 Minuten oder bis sie glasig sind dünsten.

3. Kohl dazugeben und rühren, bis er zusammenfällt.

4. Den Bacon zurück in den Topf geben und 1 Minute lang erhitzen. Mit Salz würzen und servieren.

BALSAMICO-ROSENKOHL

Dies ist die beliebteste Gemüsebeilage meines Mannes! Er hat einmal etwas Ähnliches in einem Restaurant gegessen, und ich dachte, er mochte es nur, weil es mit Käse überbacken war. Ich suchte also nach einer Zubereitungsart, bei der Rosenkohl auch ohne Milch richtig gut schmeckt, und diesen liebt er jetzt auch ganz ohne Käse!

VORBEREITUNGSZEIT 5 min **ZUBEREITUNGSZEIT** 25 min
ERGIBT 3 Portionen

600 g Rosenkohl, geraspelt (s. Hinweis)

3 Esslöffel (45 ml) Avocadoöl

1 Esslöffel Balsamicoessig

3 Knoblauchzehen, gehackt

¾ Teelöffel Meersalz

1. Den Ofen auf 200 °C vorheizen und ein Backblech mit Backpapier auslegen.

2. Die zerkleinerten Rosenkohlstücke auf das Backblech geben. Avocadoöl, Essig, Knoblauch und Salz hinzufügen und verrühren. 20 bis 25 Minuten backen oder bis alles leicht knusprig ist. Warm servieren.

HINWEIS

Manche Lebensmittelgeschäfte verkaufen bereits geraspelten Rosenkohl. Wenn Sie keinen finden können, verwenden Sie einfach eine Küchenmaschine, die die Arbeit für Sie erledigt.

ISRAELISCHE KAROTTEN

Dieses nährstoffreiche, schmackhafte Gericht wird normalerweise in der Regel mit Kreuzkümmel zubereitet. Da Kreuzkümmel jedoch ein aus Samen hergestelltes Gewürz ist, wird es in diesem Rezept – das aber dennoch sein geschmackvolles Aroma nach Kräutern behält – weggelassen.

VORBEREITUNGSZEIT 15 min   **ZUBEREITUNGSZEIT** 15 min
ERGIBT 2 Portionen

- 1,5–2 l Wasser
- 230 g Minikarotten, halbiert, oder große Karotten gewürfelt
- ca. 20 g frischer Koriander
- 2 Esslöffel frischer Dill
- 1 Knoblauchzehe, gehackt
- 3 Esslöffel (45 ml) Olivenöl
- 2 Esslöffel (30 ml) frischer Zitronensaft
- 1 Teelöffel Meersalz

1. In einem mittleren Topf bei großer Hitze das Wasser zum Kochen bringen. Die Möhren hinzugeben, die Hitze reduzieren und 8 bis 10 Minuten oder bis die Möhren weich geworden sind köcheln lassen. Abseihen und beiseitestellen.

2. Koriander, Dill, Knoblauch, Olivenöl, Zitronensaft und Salz in einem Mixer pürieren, bis die Masse leicht stückig, aber überwiegend glatt ist.

3. Die Karotten auf einem Teller (oder in einer Schüssel) anrichten und mit der Sauce übergießen.

Suppen, Salate und Beilagen

SCHNELL EINGELEGTER MANTANGHONG-RETTICH

Mantanghong-Rettiche haben eine grüne Schale und innen eine wunderschöne rosa Farbe. Sie sind leicht scharf und schmecken wunderbar würzig, wenn sie eingelegt sind. Sie eignen sich perfekt als Beilage zu Salaten, Burgern oder sogar als Snack.

VORBEREITUNGSZEIT 50 min   **ERGIBT** 2 Portionen

1 großen Mantanghong-Rettich

120 ml Apfelessig

60 ml Wasser

2 Teelöffel Honig

½ Teelöffel Meersalz

1. Den Rettich mit einem scharfen Messer oder einer Mandoline in dünne Scheiben schneiden.

2. Essig, Wasser, Honig und Salz in einer kleinen Schüssel verquirlen.

3. Die Rettichscheiben in ein 1-Liter-Glas schichten und die Flüssigkeit einfüllen. Die Flüssigkeit sollte den Rettich knapp bedecken. Das Glas mit einem luftdichten Deckel verschließen und 45 Minuten auf der Arbeitsplatte stehen lassen. Sofort verwenden oder bis zu einer Woche im Kühlschrank aufbewahren.

PICKNICK-BROKKOLI-SLAW

Dieser einfache Salat eignet sich hervorragend als Beilage zu Hamburgern oder zum Grillabend! Er steckt voller Gemüse und wird mit einer cremigen Avocado-Soße anstelle der üblichen Mayonnaise zubereitet.

VORBEREITUNGSZEIT 15 min   **ERGIBT** 2 bis 3 Portionen

1 Beutel zerkleinerten Brokkoli (s. Hinweis)

¼ von einem kleinen Kopf Rotkohl, klein geschnitten

¼ rote Zwiebel, gewürfelt

ca. 35 g Grünkohl, entstielt und gehackt

1 mittelgroße Avocado, entkernt und geschält

2 Esslöffel (30 ml) Avocadoöl

1 ½ Esslöffel Apfelessig

½ Teelöffel Meersalz

1. Den Brokkoli, Rotkohl, die rote Zwiebel und den Grünkohl in eine mittelgroße Schüssel geben.

2. Avocado, Avocadoöl, Essig und Salz in einem Hochleistungsmixer pürieren, bis alles cremig und glatt ist. Die Avocadomischung über den Krautsalat gießen und gut untermischen.

HINWEIS

Halten Sie Ausschau nach einem Beutel zerkleinerten Brokkoli, der auch Karotten enthält. Wenn Sie keinen finden können, kaufen Sie einfach die beiden Gemüse und zerkleinern Sie sie selbst.

Die Avocado wird braun, wenn sie zu lange stehen gelassen wird. Achten Sie darauf, sie frisch zu essen!

Menschen mit Schilddrüsenproblemen wird häufig geraten, Kreuzblütler-Gemüse (wie Brokkoli, Blumenkohl und Kohl) zu meiden, da sie angeblich zur Kropfbildung beitragen und die Schilddrüsenfunktion unterdrücken. In *Paleo Principles* schreibt die Autorin Dr. Sarah Ballantyne, dass es keinen Grund gibt, dieses Gemüse zu meiden, solange kein Jod- oder Selenmangel besteht. Da die Autoimmunkrankheit jedes Menschen einzigartig ist, fragen Sie Ihren Arzt, ob er Ihnen zum Verzehr von Kreuzblütler-Gemüse rät.

BUTTERNUSSKÜRBIS-LAUCH-RISOTTO

Traditionelles Risotto wird mit Reis zubereitet, aber es mit einem »Reis« auf Gemüsebasis zuzubereiten, ist genauso köstlich und weitaus nahrhafter! Dieses Rezept kombiniert gerösteten Butternusskürbis und aromatischen Lauch. Es ist perfekt für den Herbst und kann sogar eine großartige Ergänzung für den Festtagstisch sein.

VORBEREITUNGSZEIT 10 min   **ZUBEREITUNGSZEIT** 20 min
ERGIBT 2 Portionen

420 g Butternusskürbis, geschält und gewürfelt

2 Esslöffel (30 ml) Avocadoöl

1 große Stange Lauch, davon den weißen und hellgrünen Teil, gründlich gewaschen, halbiert, in Halbmonde geschnitten

ca. 70 g Grünkohl, entstielt und klein geschnitten

240 ml Hühnerknochenbrühe (Seite 19)

1 Teelöffel getrockneter Salbei

1 Teelöffel frische Thymianblättchen

½ Teelöffel Meersalz

1. Den Kürbis in einer Küchenmaschine 10 Sekunden lang oder bis er fein zerkleinertist verarbeiten. Beiseitestellen.

2. In einer großen tiefen Kasserole bei mittlerer Hitze das Avocadoöl erhitzen.

3. Den Lauch hinzufügen und 5 bis 6 Minuten oder bis er weich ist dünsten.

4. Kohl zugeben und ca. 2 Minuten weiter dünsten, bis er zusammengefallen ist.

5. Den gerösteten Kürbis, Knochenbrühe, Salbei, Thymian und Salz hinzufügen. Gut umrühren, auf kleiner Flamme 10 Minuten köcheln lassen. Warm servieren.

BLUMENKOHL »MAC & CHEESE«

Ohne Makkaroni und Käse oder »Mac & Cheese«, wie der Amerikaner sagen würde, würde diesem Kochbuch mit Rezepten, die glücklich machen, definitiv etwas fehlen. Diese Beilage besteht aus viel Gemüse und wird Sie dennoch an den allseits beliebten und üppigen Wohlfühl-Klassiker erinnern!

VORBEREITUNGSZEIT 20 min **ZUBEREITUNGSZEIT** 50 min **ERGIBT** 6 Portionen

FÜR DIE »KÄSE«-SOSSE

2 Esslöffel (30 ml) Avocadoöl

½ mittelgroße gelbe Zwiebel, gewürfelt

1 Knoblauchzehe, gehackt

280 g geschälter, gewürfelter Butternusskürbis

400 ml Kokosnussmilch

60 ml Hühnerknochenbrühe (Seite 19)

1 Teelöffel Apfelessig

2 bis 3 Esslöffel Hefeflocken (s. Hinweis)

¾ Teelöffel Meersalz, plus etwas mehr nach Bedarf

1/8 Teelöffel gemahlenes Kurkuma (optional, für Farbgebung)

1 Esslöffel Pfeilwurzelstärke, plus etwas mehr nach Bedarf

FÜR DEN BLUMENKOHL

600 g Blumenkohlröschen (ca. 2 Köpfe)

2 Esslöffel (ca. 30 ml) Avocadoöl oder (30 g) Kokosnussöl

½ Teelöffel Meersalz

ca. 40 g Kochbananenchips, zerkleinert (s. Hinweis)

2 Esslöffel frischer gehackter Schnittlauch

1. Zubereitung der »Käse«-Soße: Das Avocadoöl in einem mittelgroßen Topf bei mittlerer Hitze erhitzen.

2. Knoblauch und Zwiebel hinzugeben und 5 bis 6 Minuten oder bis die Zwiebel glasig wird dünsten.

3. Den Kürbis, Kokosnussmilch, Knochenbrühe, Essig, Hefeflocken, Salz und Kurkuma (falls verwendet) dazugeben und alles gut vermischen. Auf kleiner Flamme und unter häufigem Rühren 10 bis 15 Minuten köcheln lassen, bis die Soße andickt und der Kürbis weich wird.

4. Die Pfeilwurzelstärke einrühren und andicken lassen. Vom Herd nehmen und leicht abkühlen lassen. Mit einem Stabmixer oder in einem Schnellmixer pürieren, bis die Masse glatt ist. Abschmecken und gegebenenfalls nachwürzen. Weitere 1 bis 2 Teelöffel Pfeilwurzelstärke hinzugeben, falls eine dickflüssigere Soße gewünscht wird. Beiseitestellen.

5. Zubereitung des Blumenkohls: Den Ofen auf 200 °C vorheizen und ein Backblech mit Backpapier auslegen.

6. Den Blumenkohl auf das vorbereitete Backblech verteilen, mit dem Avocadoöl beträufeln und mit Salz bestreuen. 30 bis 35 Minuten backen, oder bis der Blumenkohl weich und leicht knusprig ist. In eine große Auflaufform geben.

7. Die Käsesoße hinzufügen und alles miteinander verrühren.

8. Mit den zerkleinerten Kochbananenchips belegen. Falls die Soße zu kühl ist, zum Aufwärmen 2 bis 3 Minuten mitbacken. Mit dem Schnittlauch garnieren und servieren.

HINWEIS

Nutzen Sie eine Küchenmaschine, um die Kochbananenchips zu zerkleinern.

Frisch geschnittener Butternusskürbis erfordert eine längere Garzeit, bis er weich wird.

Beschleunigen Sie alles etwas, indem Sie die »Käse«-Soße zubereiten und gleichzeitig den Blumenkohl rösten.

Verwenden Sie 2 Esslöffel Hefeflocken für eine mildere Soße und einen extra Esslöffel für eine »käsigere« Soße.

SCHWEINEBAUCH-RAMEN

Auf Wiedersehen, Aromatütchen und Styroporbecher, hallo, du traumhafte Bowl mit Ramen! Schweinebauch, Zucchini-Nudeln und Shiitake-Pilze sorgen dafür, dass dieses AIP-konforme Ramen wie das Original schmeckt.

VORBEREITUNGSZEIT 50 min **ZUBEREITUNGSZEIT** 1 Stunde
ERGIBT 4 Portionen

FÜR DEN SCHWEINE-BAUCH

- 60 ml Kokos-Aminos
- 1 Esslöffel Honig
- 2 Teelöffel Apfelessig
- ½ Teelöffel Meersalz
- ca. 700 g Schweinebauch

FÜR DIE RAMEN

- 1 Esslöffel (15 g) Kokosnussöl
- 2,5 cm großes Stück Ingwer, geschält und gerieben
- 3 Knoblauchzehen, gehackt
- 140 g Shiitake-Pilze, in Scheiben geschnitten
- 1,4 l Hühnerknochenbrühe (Seite 19)
- ½ Teelöffel Meersalz, plus etwas mehr nach Bedarf
- 1 Esslöffel (15 ml) Kokos-Aminos
- 2 Köpfe Baby-Pak-Choi, dicke Enden abgeschnitten, vertikal geviertelt und gut gewaschen
- 2 bis 3 mittelgroße Zucchini, Enden abgeschnitten, in Spiralen geschnitten
- 2 Frühlingszwiebeln, klein geschnitten
- 3 bis 4 Radieschen, in Scheiben geschnitten

1. Zubereitung des Schweinebauchs: Die Kokos-Aminos, Honig, Essig und Salz in einem großen Glasbehälter oder einer Schüssel mischen. Den Schweinebauch hinzufügen und wenden, bis er vollständig mit der Flüssigkeit bedeckt ist. 30 bis 45 Minuten in den Kühlschrank stellen.

2. In der Zwischenzeit den Ofen auf 220 °C vorheizen und einen Backofenrost auf mittlerer Höhe einschieben.

3. Das Schweinefleisch aus dem Kühlschrank nehmen und mit der Fettseite nach oben in eine ofenfeste Pfanne legen. Pfanne auf den Rost setzen und 25 Minuten backen. Die Hitze auf 150 °C reduzieren und noch 35 bis 40 Minuten weiterbacken, oder bis die Fleischinnentemperatur 74 °C auf einem Fleischthermometer erreicht. Aus dem Ofen nehmen und 5 Minuten ruhen lassen, bevor das Fleisch in Scheiben geschnitten wird.

4. Zubereitung der Ramen: Das Kokosnussöl in einem großen Topf bei mittlerer Hitze schmelzen.

5. Ingwer und Knoblauch hinzufügen und 3 bis 4 Minuten oder bis es duftet anbraten.

6. Die Pilze hinzufügen und 2 bis 3 Minuten oder bis sie leicht weich werden dünsten lassen.

7. Knochenbrühe, Salz und Kokos-Aminos einrühren und auf kleiner Flamme köcheln lassen.

8. Den Pak Choi hinzufügen und 4 bis 5 Minuten oder bis er weich wird dünsten lassen.

9. Die Zucchini-Nudeln hinzufügen und etwa 1 Minute kochen lassen.

10. Mit einer Kelle oder Zange jedes Gemüse einzeln herausnehmen und alles auf eine optisch ansprechende Weise in Servierschalen anrichten. 2 Tassen (480 ml) Brühe in jede Schüssel geben. Das in Scheiben geschnittene Schweinefleisch, Frühlingszwiebeln und Radieschen hinzufügen. Abschmecken und servieren.

KAPITEL 6

HAUPTGERICHTE UND PROTEINE FÜR JEDEN HEISSHUNGER

Eine Diät kann schnell langweilig werden, aber sie wird zu einer noch größeren Herausforderung, wenn dabei ein Großteil der Lebensmittel verboten ist. Man gerät leicht in den immer gleichen Lebensmitteltrott, aber es gehört so viel mehr zu nahrhaften AIP-Mahlzeiten als nur Huhn, Brokkoli und Süßkartoffeln. In diesem Kapitel finden Sie das besondere Abendessen für den Sonntagabend, das Sie sich schon immer gewünscht haben, das einfache Pfannengericht, wenn es zum Feierabend schnell gehen muss, und vieles mehr!

← Sloppy-Joe-Auflauf, Seite 106

STEAK & FRIES

Servieren Sie diese Mahlzeit zur Date-Night, am Valentinstag, zu Hochzeitstagen oder einfach an einem ganz besonderen Sonntagabend! Die Pommes frites aus Süßkartoffeln passen als einfache Beilage auch gut zu anderen Mahlzeiten.

VORBEREITUNGSZEIT 20 min   **ZUBEREITUNGSZEIT** 40 min
ERGIBT 2 Portionen

FÜR DIE SÜSS-KARTOFFEL-POMMES

1 große Süßkartoffel oder 2 mittelgroße, gut geputzt und in dünne Pommes geschnitten

2 Esslöffel (30 ml) Avocadoöl

½ Teelöffel Meersalz

1 Teelöffel Knoblauchpulver

Ketchup ohne Nachtschattengewächse als Beilage (optional)

FÜR DAS STEAK

2 Ribeye-Steaks (insg. 1 bis 1,5 Pfund oder 500 bis 750 g)

1 Teelöffel Meersalz

2 Esslöffel (30 ml) Avocadoöl

4 Zweige Thymian

4 Zweige Rosmarin

2 Knoblauchzehen, geschält

1. Zubereitung der Süßkartoffel-Pommes: Den Ofen auf 200 °C vorheizen und ein Backblech mit Backpapier auslegen.

2. Die Pommes frites auf das vorbereitete Backblech legen, das Avocadoöl hinzugeben und alles gut vermischen. Mit Salz und Knoblauchpulver bestreuen. 35 bis 40 Minuten backen, nach der Hälfte der Backzeit wenden, bis die Pommes frites die gewünschte Knusprigkeit erreicht haben.

3. Vor dem Servieren leicht abkühlen lassen und (falls gewünscht) Ketchup dazu anbieten.

4. Zubereitung des Steaks: Während die Pommes frites backen, die Steaks trocken tupfen und von beiden Seiten mit Salz würzen. 15 Minuten ruhen lassen.

5. Das Avocadoöl in einer gusseisernen Pfanne bei mittlerer bis hoher Temperatur erhitzen.

6. Sobald das Öl heiß ist, die Steaks zusammen mit Thymian, Rosmarin und Knoblauch vorsichtig in die Pfanne geben. Auf jeder Seite 3 Minuten scharf anbraten lassen. Auf jeder Seite noch 1 bis 2 Minuten weitergaren, wobei jede Minute gewendet wird, bis die Steaks den gewünschten Garzustand erreicht haben (siehe Hinweis). Die Steaks aus der Pfanne nehmen und die Kräuterzweige und den Knoblauch entsorgen.

7. Lassen Sie die Steaks 5 bis 10 Minuten ruhen, bevor Sie sie mit den Pommes frites und einer Beilage wie Caesar Salad (Seite 77) servieren.

HINWEIS

Benutzen Sie ein Fleischthermometer, um den Garzustand zu überprüfen: 49 °C bis 51 °C ist rare; 54 °C bis 57 °C medium-rare; 60 °C bis 63 °C medium; 65,5 °C bis 68 °C medium-well, und alles darüber ist well done.

HACKBRATEN-MUFFINS NACH ITALIENISCHER ART

Nichts schreit »Seelenfutter« so wie ein Hackbraten! Er ist nahrhaft, nostalgisch und einfach herzustellen. Diese Hackbraten-Muffins sind eine Variante des Klassikers, die Spaß machen!

VORBEREITUNGSZEIT 10 min   **ZUBEREITUNGSZEIT** 55 min
ERGIBT 8 bis 9 Portionen

1 Esslöffel (15 ml) Avocadoöl

1 mittelgroße weiße Zwiebel, gewürfelt

2 Knoblauchzehen, gehackt

450 g Rinderhack

450 g Schweinehack

1 Esslöffel frische gehackte Basilikumblätter, plus weitere zur Garnierung

1 Esslöffel frische gehackte Petersilie

¾ bis 1 Teelöffel Meersalz

250 g »Tomatensoße« ohne Nachtschattengewächse (Seite 25), aufgewärmt

1. Den Ofen auf 200 °C vorheizen.

2. In einer mittelgroßen Pfanne bei geringer Hitze das Avocadoöl erhitzen.

3. Zwiebel und Knoblauch dazugeben und 5 bis 6 Minuten oder bis die Zwiebel glasig wird dünsten. Beiseitestellen.

4. In einer großen Schüssel Rind- und Schweinefleisch, Basilikum, Petersilie und Salz vermengen. Die Zwiebel-Knoblauch-Mischung unterheben und gut durchkneten. Die Mischung gleichmäßig auf 8 oder 9 Vertiefungen einer 12er-Muffinform verteilen. 40 bis 50 Minuten backen, oder bis die Fleischinnentemperatur 71 °C auf einem Fleischthermometer erreicht.

5. Etwas abkühlen lassen, dann mit der »Tomaten«-Soße übergießen und mit Basilikum garnieren.

HINWEIS

Dieses Gericht eignet sich zum Vorkochen, die Muffins und die Soße müssen aber getrennt aufbewahrt werden. Sie können die zusätzlichen Basilikumblätter zum Garnieren 3 bis 4 Tage in einem Glasbehälter aufheben. Wärmen Sie die Muffins unter dem Grill auf, die Soße in einem Topf bei mittlerer Hitze, garnieren und servieren Sie das Gericht.

BARBECUE-RINDERBRUST AUS DEM SCHONGARER

Als gebürtige New Yorkerin war ich Barbecue gegenüber immer etwas skeptisch, bis ich nach Texas zog, wo es einfach eine köstliche Lebensart ist. Servieren Sie diese Rinderbrust mit Süßkartoffel-Pommes (Seite 160), Gebratenem Kohl nach Südstaatenart (Seite 78) oder Picknick-Brokkoli-Slaw (Seite 84).

VORBEREITUNGSZEIT 20 min **ZUBEREITUNGSZEIT** 8,5 Stunden **ERGIBT** 8 Portionen

FÜR DIE BARBECUE-SOSSE

1 Esslöffel (15 ml) ausgelassenes Baconfett oder Avocadoöl

1 mittelgroße weiße Zwiebel, gewürfelt

2 Knoblauchzehen, gehackt

130 g Karotten, klein geschnitten

60 ml Wasser

2 Esslöffel (40 g) Melasse

2 Esslöffel (30 ml) Apfelessig

1 Teelöffel Kokos-Aminos

½ Teelöffel Rauchsalz, plus etwas mehr nach Bedarf

50 g dunkle entkernte Kirschen

FÜR DIE BARBECUE-RINDERBRUST

1,4 kg Rinderbrust

1 Teelöffel Rauchsalz

2 Esslöffel (30 ml) Avocadoöl

240 ml Rinderknochenbrühe (Seite 18)

400 g Barbecue-Soße (Rezept nachfolgend), in 2 Portionen

2 Lorbeerblätter

½ weiße Zwiebel, in Scheiben geschnitten

1. Zubereitung der Barbecue-Soße: In einem mittelgroßen Kochtopf bei mittlerer Hitze das Baconfett erhitzen.

2. Zwiebel und Knoblauch dazugeben und 5 bis 6 Minuten oder bis die Zwiebel glasig wird dünsten.

3. Die Karotten dazugeben und 5 Minuten weiter anbraten, bis sie leicht weich werden.

4. Wasser, Melasse, Essig, Kokos-Aminos, Salz und Kirschen hinzufügen und gut umrühren. Die Mischung auf kleiner Flamme und unter häufigem Rühren 10 Minuten köcheln lassen, damit die Soße bindet.

5. Etwas abkühlen lassen, dann in einen Hochleistungsmixer geben und zu einem glatten Teig verarbeiten. Abschmecken und bei Bedarf nachwürzen.

6. Zubereitung der Barbecue-Rinderbrust: Die Brust auf beiden Seiten mit Salz würzen.

7. In einer großen Pfanne bei mittlerer Hitze das Avocadoöl erhitzen.

8. Den Braten hinzufügen und von beiden Seiten leicht anbraten. Das überschüssige Fett abgießen und das Brustfleisch in einen Schongarer geben.

9. Die Knochenbrühe und 200 g Barbecue-Soße zur Rinderbrust geben und die Soße gleichmäßig darauf verteilen. Die Lorbeerblätter und die Zwiebel hinzufügen. Den Deckel auf den Schongarer setzen, auf niedrigste Stufe stellen und 8 Stunden garen.

10. Lorbeerblätter und überschüssige Zwiebeln entfernen und entsorgen und das Fleisch herausnehmen. Die Rinderbrust mit zwei Gabeln zerkleinern oder mit einem Messer in Scheiben schneiden. Mit den restlichen 200 g der Soße übergießen und servieren.

MONGOLISCHES RINDFLEISCH

Sie werden es nicht für möglich halten, dass dieses Mongolische Rindfleisch tatsächlich AIP-konform ist! Das Gericht ist so schmackhaft und reichhaltig, dass Ihre Gäste es sicher für das Originalrezept halten werden – natürlich nur, wenn Sie ihnen nichts verraten!

VORBEREITUNGSZEIT 15 min   **ZUBEREITUNGSZEIT** 20 min
ERGIBT 3 bis 4 Portionen

450 g Flank Steak

1 Teelöffel Meersalz, in 2 Portionen

1 Esslöffel (8 g) Pfeilwurzelstärke

2 Esslöffel (30 ml) Avocadoöl

4 Knoblauchzehen, gehackt

2,5 cm großes Stück frischer Ingwer, geschält und gerieben

80 ml Kokos-Aminos

60 ml Rinderknochenbrühe (Seite 18) oder Wasser

4 Frühlingszwiebeln, klein geschnitten

1. Das Flank Steak auf beiden Seiten mit Salz würzen und mit einem scharfen Fleischermesser gegen die Faser in dünne, 2,5 cm lange Scheiben schneiden. Pfeilwurzelstärke in eine flache Schüssel geben und die Steakscheiben damit bestäuben.

2. In einer großen tiefen Kasserole bei mittlerer Temperatur das Avocadoöl erhitzen.

3. Sobald das Öl heiß ist, die Hälfte des Rindfleischs vorsichtig hinzufügen und 1 bis 2 Minuten auf jeder Seite braten. Das Rindfleisch sollte leicht knusprig sein. Aus der Kasserole nehmen und beiseitestellen. Mit dem restlichen Rindfleisch wiederholen.

4. Knoblauch und Ingwer in die Kasserole geben und 2 bis 3 Minuten dünsten, bis sie duften.

5. Die Hitze leicht reduzieren und die Kokos-Aminos und die Knochenbrühe einrühren. Das Rindfleisch in die Pfanne zurückgeben und 3 bis 5 Minuten unter häufigem Rühren köcheln lassen. Die Sauce sollte andicken.

6. Die Frühlingszwiebeln hinzufügen und 1 weitere Minute köcheln lassen.

7. Die Rindfleischmischung aus der Kasserole nehmen und sie mit dem Einfachen Blumenkohl-Reis (Seite 22) oder dem Gemüse aus der Teriyaki-Hähnchenpfanne (Seite 131) servieren.

HINWEIS

Dieses Gericht eignet sich gut zum Vorkochen und kann 2 bis 3 Tage in einzelnen Glasbehältern im Kühlschrank aufbewahrt werden.

SCHWEDISCHE HACKBÄLLCHEN

Schwedische Fleischklöße sind cremig, herzhaft und ein perfektes Gericht, das man servieren sollte, wenn man Abwechslung in seinen Speiseplan bringen möchte. Sie schmecken mit Wurzelgemüsepüree wie zum Beispiel aus Süßkartoffeln oder dem gerösteten Pastinakenpüree (Seite 159).

VORBEREITUNGSZEIT 10 min **ZUBEREITUNGSZEIT** 35 min
ERGIBT 12 Fleischbällchen

FÜR DIE FLEISCHBÄLLCHEN

1 Pfund (500 g) Rinderhack

½ weiße Zwiebel, fein gehackt

1 Esslöffel Kokosmehl

1 Teelöffel Salz

½ Teelöffel Muskatblütenpulver

1 Esslöffel Rindertalg

FÜR DIE SOSSE

240 g Kokoscreme

180 ml Rinderknochenbrühe (Seite 18)

1 Esslöffel Kokos-Aminos

2 Esslöffel (25 g) Rindertalg

½ Teelöffel Meersalz

1 Esslöffel Pfeilwurzelstärke

2 Esslöffel frische gehackte Petersilie

1. Zubereitung der Fleischbällchen: In einer großen Schüssel Rinderhackfleisch, Zwiebel, Kokosmehl, Salz und Muskatblüte gut vermischen. Die Mischung zu 12 Fleischklößchen formen und beiseitestellen.

2. In einer großen Pfanne bei mittlerer Temperatur den Rindertalg erhitzen.

3. Die Fleischbällchen in die Pfanne geben und 7 bis 10 Minuten braten, bis sie gebräunt und gar sind. Auf einen Teller geben. Das Fett sowie alle verbrannten Reste aus der Pfanne entfernen.

4. Zubereitung der Soße: Die Pfanne wieder auf mittlere Hitze bringen und Kokoscreme, Knochenbrühe, Kokos-Aminos, Rindertalg und Salz hinzufügen. Gut umrühren und 5 Minuten köcheln lassen.

5. Die Pfeilwurzelstärke mit dem Schneebesen einrühren und die Soße andicken lassen.

6. Die Fleischbällchen in die Pfanne geben und 2 bis 3 Minuten erhitzen, dabei die Fleischbällchen mit der Sauce überziehen. Mit der Petersilie bestreuen. Pur auf einem Gemüsepüree nach Wahl servieren.

HINWEIS

Dieses Gericht eignet sich zum Vorkochen, die Garnierung sollte aber in einem separaten Glasbehälter für höchstens 3 bis 4 Tage aufbewahrt werden. Wärmen Sie die Hackbällchen in einer Kasserole bei mittlerer Hitze auf und garnieren und servieren Sie sie.

HACKBÄLLCHEN NACH ITALIENISCHER ART

Traditionell werden Hackbällchen mit Eiern und Semmelbrösel hergestellt, damit eine Bindung entsteht. Kann man wirklich ohne diese Zutaten auskommen? Ja, das kann man! Diese AIP-freundlichen Fleischbällchen schmecken ebenso köstlich wie die, für die meine italienisch-amerikanische Familie bekannt ist.

VORBEREITUNGSZEIT 15 min   **ZUBEREITUNGSZEIT** 25 min
ERGIBT 20 bis 22 Fleischbällchen

1 Pfund (500 g) Rinderhack

1 kleine Zwiebel, fein gewürfelt

2 Knoblauchzehen, fein gehackt

1 Esslöffel frische gehackte Basilikumblätter, in 2 Portionen

2 Teelöffel frische gehackte Petersilie

1 Teelöffel getrockneter Oregano

½ Teelöffel Meersalz

500 bis 750 g »Tomaten«-Soße ohne Nachtschattengewächse (Seite 25), aufgewärmt

1. Den Ofen auf 200 °C vorheizen und ein Backblech mit Backpapier auslegen. Beiseitestellen.

2. In einer mittelgroßen Schüssel das Hackfleisch, die Zwiebel, den Knoblauch, die Hälfte des Basilikums (die andere Hälfte für die Garnierung reservieren), die Petersilie, den Oregano und das Salz vermengen, bis alle Zutaten gut miteinander verbunden sind.

3. Aus der Mischung 3,5 cm große Fleischbällchen formen. Es sollten 20 bis 22 Fleischbällchen werden. Die Bällchen auf das vorbereitete Backblech legen und 20 bis 25 Minuten oder bis sie gar sind backen.

4. Mit der warmen »Tomaten«-Soße servieren und dem restlichen Basilikum garnieren.

> **HINWEIS**
>
> Dieses Gericht eignet sich gut zum Vorkochen, muss aber in einzelnen Glasbehältern im Kühlschrank aufbewahrt werden. Genießen Sie es zu Mittag mit einer Beilage, z. B. Zucchini-Nudeln (siehe Bolognese mit Zucchini-Nudeln, Seite 105) oder einem Salat.

ZUCCHINI-LASAGNE

In meiner Familie drückt man Liebe mit Lasagne aus. Meine Mutter bereitete ständig Lasagne zu, und mein Ehemann ist ein ebenso ein großer Fan! Lasagne beinhaltet traditionell mindestens drei verschiedene Käsesorten, somit war es ein Kraftakt, diesen Klassiker AIP-konform zuzubereiten.

VORBEREITUNGSZEIT 30 min   **ZUBEREITUNGSZEIT** 45 min
ERGIBT 6 Portionen

FÜR DEN BLUMENKOHL-»KÄSE«

150 Blumenkohl, gedämpft

1 Teelöffel Zitronensaft

2 Esslöffel (30 ml) Olivenöl

1 Esslöffel Gelatine

2 Esslöffel Hefeflocken

1 Esslöffel Tapiokastärke

¼ Teelöffel Meersalz

FÜR DIE LASAGNE

1 Esslöffel (15 ml) Olivenöl

2 Knoblauchzehen, gehackt

1 mittelgroße Zwiebel, gewürfelt

140 g Champignons, in Scheiben geschnitten

60 g frischer Spinat, gehackt

1 Pfund (500 g) Rinderhack

¾ Teelöffel Meersalz, plus etwas mehr nach Bedarf

310 g »Tomaten«-Soße ohne Nachtschattengewächse, in 2 Portionen

4 große Zucchini, Enden abgeschnitten

2 Esslöffel frische gehackte Basilikumblätter

1. Ein großes Backblech mit Backpapier auslegen und beiseitestellen.

2. Zubereitung Blumenkohl-»Käse«: Mit einem Nussmilchbeutel, einem Seihtuch oder einem Papierhandtuch etwas, aber nicht die gesamte überschüssige Flüssigkeit aus dem noch warmen gedünsteten Blumenkohl abseihen. Den Blumenkohl in eine Küchenmaschine geben.

3. Die restlichen »Käse«-Zutaten hinzufügen und glattrühren. Auf das vorbereitete Backblech gießen und zu einer dünnen, gleichmäßigen Schicht verteilen. 10 bis 15 Minuten oder bis zum Festwerden einfrieren.

4. Zubereitung der Lasagne: Das Olivenöl in einer großen Kasserole bei niedriger Temperatur erhitzen.

5. Knoblauch und Zwiebel hinzugeben und 5 bis 6 Minuten oder bis die Zwiebel glasig wird dünsten.

6. Die Champignons hinzufügen und 4 bis 5 Minuten oder bis sie weich sind garen.

7. Den Spinat unter Rühren hinzufügen, bis er zusammenfällt. Das Gemüse aus der Kasserole nehmen und beiseitestellen. Das Öl aus der Kasserole wischen.

8. Die Kasserole wieder auf mittlere Hitze bringen und das Hackfleisch hinzufügen. 7 bis 10 Minuten lang anbraten oder bis es gebräunt ist, dabei mit der Rückseite eines Löffels aufbrechen.

9. Die Gemüsemischung und 125 g der »Tomaten«-Soße einrühren. Beiseitestellen.

10. Mit einem Gemüseschäler oder einer auf 0,3 cm eingestellten Mandoline lange, dünne »Blätter« aus den Zucchini schneiden. 5 Minuten ruhen lassen und mit einem Papiertuch oder einem sauberen Geschirrtuch trocken tupfen.

11. Den Ofen auf 190 °C vorheizen.

12. Den Boden einer 23 × 33 cm großen Backform mit ¼ Tasse (62,5 g) »Tomaten«-Soße bedecken. Darauf eine Lage Zucchiniblätter legen und mit der Rindfleisch-Gemüse-Mischung bedecken. Den Schichtvorgang noch einmal wiederholen.

13. Die Lasagne mit einer letzten Schicht Zucchini, ½ Tasse (125 g) der »Tomaten«-Soße und dem »Käse« belegen. Falls erforderlich, den Blumenkohl-Käse aufbrechen, um die Lasagne vollständig zu bedecken. 15 bis 20 Minuten oder bis der »Käse« geschmolzen ist und die Zucchiniblätter weich sind backen. Mit Basilikum bestreut servieren.

SHEPHERD'S PIE MIT SÜSSKARTOFFELN

Shepherd's Pie ist ein klassisches Wohlfühl-Essen, aus dem man bequem eine vollwertige, nahrhafte Mahlzeit zubereiten kann. Dieses Gericht wird traditionell mit Kartoffeln zubereitet, aber es schmeckt mit Süßkartoffeln genauso lecker.

VORBEREITUNGSZEIT 10 min   **ZUBEREITUNGSZEIT** 20 min
ERGIBT 4 Portionen

- 500 g Süßkartoffeln, geschält und klein geschnitten
- 2 Esslöffel (30 g) Kokosöl, in 2 Portionen
- 1 Teelöffel Meersalz, in 2 Portionen
- 1 mittelgroße Zwiebel, gewürfelt
- 130 g Karotten, gewürfelt
- 1 Pfund (500 g) Rinderhack
- 63 g »Tomaten«-Soße ohne Nachtschattengewächse (Seite 25)
- 60 ml Rinderknochenbrühe (Seite 18)
- 2 Teelöffel Kokos-Aminos
- 2 Teelöffel frische Rosmarinnadeln, gehackt
- 1 Teelöffel frische Thymianblättchen, gehackt
- 2 Teelöffel frische Petersilie, gehackt

1. Die Süßkartoffel in einen großen Topf geben und mit Wasser bedecken. Den Topf auf mittelhoher Hitze zum Kochen bringen. So lange kochen, bis die Kartoffeln gabelzart sind. Abseihen und leicht abkühlen lassen. In eine Küchenmaschine geben. 1 Esslöffel (14 g) Kokosöl und eine Prise Salz hinzufügen und glattrühren. Beiseitestellen.

2. In einer großen Pfanne bei mittlerer Hitze den restlichen 1 Esslöffel (14 g) Kokosöl schmelzen.

3. Die Zwiebel hinzugeben und 5 bis 6 Minuten oder bis sie glasig wird anbraten.

4. Die Karotte hinzugeben und 5 bis 7 Minuten oder bis sie gabelzart ist dünsten.

5. Das Hackfleisch und Salz hinzufügen. 7 bis 10 Minuten braten lassen oder bis das Rindfleisch gebräunt ist, dann mit einem Löffelrücken zerkleinern.

6. Die »Tomaten«-Soße, Knochenbrühe, Kokos-Aminos und Kräuter einrühren. Zum Andicken 5 bis 10 Minuten köcheln lassen.

7. Den Ofen auf 200 °C vorheizen.

8. Die Rindfleisch-Gemüse-Mischung in eine 22 × 23 cm große Auflaufform geben und das Süßkartoffelpüree darauf verteilen. Mit einer Gabel aus der Kartoffelmasse zarte Spitzen formen oder dekorative Linien ziehen. 25 bis 30 Minuten backen und servieren.

BOLOGNESE MIT ZUCCHINI-NUDELN

Erleben Sie eine italienische Nacht auf einem ganz neuen Niveau mit dieser reichhaltigen und herzhaften Bolognese-Soße, die mit Zoodles serviert wird!

VORBEREITUNGSZEIT 20 min   **ZUBEREITUNGSZEIT** 55 min
ERGIBT 4 Portionen

FÜR DIE BOLOGNESE-SOSSE

1 Pfund (500 g) Rinderhack

½ Teelöffel Meersalz, in 2 Portionen, mehr nach Bedarf

2 Esslöffel (30 ml) Olivenöl

1 mittelgroße Zwiebel, gewürfelt

2 Knoblauchzehen, gehackt

65 g Karotten, fein gehackt

60 g Sellerie, fein gehackt

375 g nachtschattenfreie »Tomaten«-Soße (Seite 25)

240 ml Hühnerknochenbrühe (Seite 19)

2 Teelöffel getrockneter Oregano

1 Esslöffel (3 g) frische gehackte Basilikumblätter

1 Esslöffel (4 g) frische gehackte Petersilie

FÜR DIE ZOODLES

4 große Zucchini, Enden abgeschnitten, in Spiralen geschnitten

1 Teelöffel Salz

2 Teelöffel Olivenöl

1. Zubereitung der Bolognese-Soße: In einer großen tiefen Kasserole mit Deckel bei mittlerer Hitze das Hackfleisch und ¼ Teelöffel Salz miteinander vermengen. Das Rindfleisch 7 bis 10 Minuten anbraten und mit der Rückseite des Löffels aufbrechen. Mit einem geschlitzten Löffel das Rindfleisch herausnehmen und das meiste Fett aus der Kasserole abgießen.

2. Die Kasserole wieder auf mittlere bis niedrige Temperatur bringen und das Olivenöl darin erhitzen.

3. Zwiebel und Knoblauch dazugeben und 5 bis 6 Minuten oder bis die Zwiebel glasig wird dünsten.

4. Karotte und Sellerie dazugeben und weitere 3 bis 4 Minuten garen lassen.

5. Das gebratene Rindfleisch, die »Tomaten«-Soße, die Knochenbrühe, die restlichen ¼ Teelöffel Salz und den Oregano hinzufügen. Zum Mischen gut umrühren. Auf kleiner Flamme köcheln lassen und die Kasserole zudecken. Etwa 30 Minuten köcheln lassen, oder bis die Mischung angedickt und das Gemüse gabelzart ist.

6. Basilikum und Petersilie einrühren, abschmecken und warmhalten, während die Zoodles zubereitet werden.

7. Zubereitung der Zoodles: Die Zucchini-Nudeln in eine große Schüssel geben und mit Salz bestreuen. Etwa 5 Minuten ruhen lassen, um Feuchtigkeit zu entziehen. Mit einem Papiertuch einen Teil der Flüssigkeit von den Nudeln aufsaugen.

8. In einer weiteren Kasserole bei niedriger Temperatur das Olivenöl erhitzen.

9. Die Zucchini-Nudeln hinzufügen und 2 Minuten oder bis sie knapp gar sind anbraten. Mit der Bolognese-Soße übergießen und servieren.

Hauptgerichte und Proteine für jeden Heißhunger

SLOPPY-JOE-AUFLAUF

Ich erinnere mich an diese klassischen Sandwiches mit Hackfleisch in einer zuckerigen Soße zwischen zwei Brötchenhälften in meiner Schulmensa und zum Abendessen bei Freunden daheim. Ich gebe es zu ... irgendwie schmeckten sie ziemlich gut. Dieser Sloppy-Joe-Auflauf schmeckt wie der Klassiker und wird mit knusprigen Süßkartoffelkroketten garniert.

VORBEREITUNGSZEIT 30 min   **ZUBEREITUNGSZEIT** 1 Stunde
ERGIBT 5 bis 6 Portionen

FÜR DIE SÜSSKARTOFFEL-KROKETTEN

2 mittelgroße weiße oder orange Süßkartoffeln, geschält

2 Esslöffel (15 g) Kokosmehl

2 Teelöffel Knoblauchpulver

2 Teelöffel Zwiebelpulver

1 Teelöffel Meersalz

2 Esslöffel (30 ml) Avocadoöl

FÜR DIE SOSSE

330 g Ketchup ohne Nachtschattengewächse (Seite 24)

120 ml Wasser

1 Esslöffel (15 ml) Kokos-Aminos

2 Teelöffel Kokoszucker

1 Teelöffel Apfelessig

1 Teelöffel Knoblauchpulver

½ Teelöffel Meersalz

FÜR DIE SLOPPY JOES

2 Esslöffel (30 g) Kokosöl oder (30 ml) Avocadoöl, in 2 Portionen

1 Pfund (500 g) Rinderhack

1 mittelgroße Zwiebel, fein gewürfelt

2 Frühlingszwiebeln, klein geschnitten

1. Zubereitung der Süßkartoffel-Kroketten: Einen großen Topf Wasser bei mittlerer Hitze zum Kochen bringen und die ganzen Süßkartoffeln dazugeben. Mit einem Holzlöffel untergetaucht halten und 20 Minuten kochen lassen. Aus dem Wasser nehmen und zum Abkühlen beiseitestellen.

2. In der Zwischenzeit den Ofen auf 200 °C vorheizen und ein Backblech mit Backpapier auslegen. Beiseitestellen.

3. Die Süßkartoffeln mit einer Kastenreibe reiben. Überschüssige Flüssigkeit mit einem Papiertuch oder Käsetuch ausdrücken. In eine mittelgroße Schüssel geben.

4. Kokosmehl, Knoblauchpulver, Zwiebelpulver, Salz und 1 Esslöffel (15 ml) Avocadoöl einrühren. Aus der Süßkartoffelmischung 2,5 cm große Kroketten formen (es sollten etwa 25 werden) und sie in gleichmäßigen Abständen auf das vorbereitete Backblech legen. Mit dem restlichen 1 Esslöffel (15 ml) Avocadoöl beträufeln. 20 bis 25 Minuten lang backen und dabei vorsichtig nach der Hälfte der Backzeit umdrehen.

5. Herausnehmen und beiseitestellen, wenn sie gar sind, und den Ofen eingeschaltet lassen.

6. Zubereitung der Soße: Alle Soßenzutaten in einer großen Schüssel verquirlen, bis alles gut vermischt ist. Beiseitestellen.

7. Zubereitung des Sloppy-Joe-Auflaufs: Während die Süßkartoffel-Kroketten backen, in einer großen Pfanne bei mittlerer Hitze 1 Esslöffel (14 g) Kokosöl schmelzen.

8. Das Hackfleisch und die Zwiebel in die Pfanne geben. Ca. 7 Minuten anbraten und das Fleisch mit einem Holzlöffel oder Spatel zerkleinern, bis alles gebräunt ist. Vom Herd nehmen und das meiste Fett aus der Pfanne abgießen. Die Pfanne wieder auf mittlere Hitze bringen.

9. Die Soße einrühren. Zum Kochen bringen und 8 bis 10 Minuten kochen lassen. Die Mischung in eine 23 × 15 cm große Auflaufform geben.

10. Die Süßkartoffel-Kroketten in gleichmäßigen Abständen auf die Sloppy Joe Mischung legen. 6 bis 8 Minuten lang oder bis der Auflauf warm ist backen. Mit den Frühlingszwiebeln garnieren und servieren.

SCHMORBRATEN AUS DEM SCHONGARER

Schmorbraten ist sättigend, wärmend und die rundum perfekte Mahlzeit aus dem Schongarer. Obwohl dies eines der Rezepte ist, die ich im Winter ständig zubereite, werde ich es nie leid.

VORBEREITUNGSZEIT 10 min   **ZUBEREITUNGSZEIT** 8 Stunden
ERGIBT 2 bis 3 Portionen

- 3 bis 4 Pfund (1,5 bis 2 kg) Rinderbraten
- 1 bis 1 ½ Teelöffel Meersalz, plus etwas mehr bei Bedarf
- 2 Esslöffel (30 ml) Avocadoöl
- 260 g Karotten, klein geschnitten
- 1 mittelgroße Zwiebel, geviertelt
- 3 Rosmarinzweige
- 3 Thymianzweige
- 2 Lorbeerblätter
- 240 ml Rinderknochenbrühe (Seite 18)

1. Beide Seiten des Bratens mit Salz würzen. In einer großen Kasserole bei mittlerer Temperatur das Avocadoöl erhitzen.

2. Den Braten hinzufügen und ca. 1 Minute auf jeder Seite leicht anbraten. Den Braten vorsichtig in einen Schongarer geben.

3. Karotten, Zwiebel, Rosmarin, Thymian und Lorbeerblätter hinzufügen. Die Knochenbrühe angießen. Den Schongarer zugedeckt auf niedrige Stufe stellen und den Braten 8 Stunden garen lassen.

4. Die Lorbeerblätter entfernen und warm servieren.

HINWEIS

Dieses Gericht eignet sich gut zum Vorkochen, der Braten und das Gemüse müssen aber in einzelnen Glasbehältern im Kühlschrank aufbewahrt werden. So können Sie sie die ganze Woche über genießen.

CARNITAS AUS DEM SCHONGARER

Vor meinem Umzug nach Texas hatte ich noch nie Carnitas probiert – und, wow, was hatte ich da verpasst! Carnitas eignen sich perfekt für die Zubereitung von Nachos, Burrito Bowls oder zum Einfach-so-Essen mit einer Gemüsebeilage. Dieses Rezept steckt voller Geschmack und ist sehr einfach zuzubereiten.

VORBEREITUNGSZEIT 15 min   **ZUBEREITUNGSZEIT** 8 Stunden
ERGIBT 8 Portionen

3 Knoblauchzehen, gehackt

2 Teelöffel getrockneter Koriander

2 Teelöffel getrockneter Oregano

1 Teelöffel gemahlener Zimt

1 Teelöffel Meersalz

1 ½ Kilo (1500 g) Schweineschulter

2 Lorbeerblätter

2 mittelgroße Zwiebeln, geviertelt

240 ml frischer Orangensaft

Saft von 2 Limetten

1 bis 2 Esslöffel frischer Koriander

1 bis 2 Limetten, in Scheiben geschnitten

1. In einer kleinen Schüssel Knoblauch, Koriander, Oregano, Zimt und Salz mischen. Das Schweinefleisch von allen Seiten gleichmäßig mit der Gewürzmischung einreiben und in einen Schongarer geben.

2. Lorbeerblätter, Zwiebel sowie Orangen- und Limettensaft auf das Schweinefleisch geben. Im Schongarer zugedeckt auf niedriger Stufe 8 Stunden garen.

3. Das Schweinefleisch aus dem Schongarer nehmen und mit zwei Gabeln zerpflücken. Mit dem Koriander garnieren und mit den Limetten servieren.

4. Wenn Sie es gerne knuspriger mögen, legen Sie die Carnitas auf ein großes Backblech und braten Sie sie 3 bis 5 Minuten lang oder bis sie leicht knusprig sind.

> **HINWEIS**
>
> Verwandeln Sie dieses Rezept in Nachos, indem Sie es mit Kochbananen-Chips (Seite 53) und Guacamole (Seite 53) servieren. Sie können aus dem Gericht auch Burrito Bowls machen und mit einfachem Blumenkohl-Reis (Seite 22), Salat und Avocado servieren.

ONE-PAN-RINDFLEISCH-FAJITAS

Fajitas vom Backblech sind ein witziges, einfaches Gericht, das aber typischerweise nur so vor Nachtschattengewächsen strotzt. Ich stamme aus einer Familie, die Fajitas liebt! Deshalb bat ich meine Mutter immer, wenn ich vom College zuhause war, sie erst zuzubereiten, wenn ich das Haus verlassen hatte, denn der Geruch bereitete mir Kopfschmerzen! In diesem einfachen und leckeren Rezept müssen Sie sich aber keine Gedanken über nicht konforme Zutaten machen.

VORBEREITUNGSZEIT 20 min   **ZUBEREITUNGSZEIT** 20 min
ERGIBT 4 Portionen

1 Pfund (500 g) Flank Steak oder Kronfleisch, gegen die Faser in lange, dünne Scheiben geschnitten

1 Teelöffel Meersalz, in 2 Portionen

3 Esslöffel (45 ml) Avocadoöl

Saft einer halben Limette

3 Knoblauchzehen, gehackt

2 Teelöffel getrockneter Oregano

2 Zucchini, Enden abgeschnitten, in lange Streifen geschnitten

2 gelbe Kürbisse, Enden abgeschnitten, in lange Streifen geschnitten

1 mittelgroße rote Zwiebel, halbiert, in Halbmonde geschnitten

190 g Champignons, in Scheiben geschnitten

3 Esslöffel (3 g) frisch gehackter Koriander

2 oder 3 Limetten, geviertelt

1. Den Ofen auf 200 °C vorheizen und ein großes Backblech mit Backpapier auslegen. Beiseitestellen.

2. Das Steak mit ½ Teelöffel Salz würzen und in einer großen Schüssel beiseitestellen.

3. In einer weiteren großen Schüssel das Avocadoöl, den Limettensaft, den Knoblauch, den Oregano und den restlichen ½ Teelöffel Salz verquirlen.

4. Die Zucchini, den Kürbis, die rote Zwiebel, die Champignons und das Steak zur Marinade in die Schüssel geben und gut durchschwenken.

5. Alles auf das vorbereitete Backblech geben und 20 bis 22 Minuten oder bis das Gemüse und das Fleisch den gewünschten Garzustand erreicht haben garen.

6. Auf den Tellern anrichten, mit dem Koriander garnieren und mit den Limettenvierteln servieren.

HINWEIS

Lassen Sie das Steak zugedeckt 15 Minuten auf der Arbeitsfläche ruhen, damit es auf Raumtemperatur abkühlen kann.

Dieses Gericht eignet sich gut zum Vorkochen und kann 2 bis 3 Tage in einzelnen Glasbehältern im Kühlschrank aufbewahrt werden. Siehe Steak & Fries (Seite 92) für Steak-Temperaturen.

ABENDESSEN MIT BALSAMICO-SCHWEINEKOTELETT

Die Zeit ist knapp am Feierabend, Sie wollen aber trotzdem etwas Herzhaftes und Sättigendes? Diese einfache Mahlzeit, für die Sie lediglich eine Pfanne benötigen, steht in nur etwa 45 Minuten auf dem Tisch!

VORBEREITUNGSZEIT 15 min **ZUBEREITUNGSZEIT** 30 min
ERGIBT 4 bis 5 Portionen

1 großer Butternusskürbis, halbiert, geschält, entkernt und in Würfel geschnitten

2 rote Zwiebeln, in Achtel geschnitten

1 Bund Brokkolini oder Brokkoli, 2,5 cm des Strunks abschneiden

4 bis 5 Schweinekoteletts mit Knochen (insg. 1,5 bis 2 Pfund)

3 Esslöffel (45 ml) Avocadoöl

2 Esslöffel (30 ml) Balsamicoessig

2 Knoblauchzehen, gehackt

1 Teelöffel Meersalz

4 bis 5 Thymianzweige

1. Den Ofen auf 200 °C vorheizen und ein großes Backblech mit Backpapier auslegen.

2. Das Gemüse und die Schweinekoteletts auf das vorbereitete Backblech legen. Mit Avocadoöl und Essig beträufeln. Mit Knoblauch, Salz und Thymian bestreuen. 25 Minuten backen, oder bis die Schweinekoteletts auf einem Fleischthermometer eine Innentemperatur von 63 °C bis 65,5 °C erreichen. Die Schweinekoteletts aus der Pfanne nehmen und das Gemüse nach Wunsch noch ca. 5 Minuten knusprig braten.

3. Die Schweinekoteletts und das Gemüse auf vier oder fünf Teller verteilen und servieren.

HINWEIS

Dieses Gericht eignet sich gut zum Vorkochen und kann bis zu 3 Tage in einzelnen Glasbehältern im Kühlschrank aufbewahrt werden.

BISCUITS UND SAUSAGE GRAVY

Es gibt für mich wohl kaum ein Gericht, das mehr Heimatgefühl auslöst! Diese Biscuits können nicht nur mit der selbst gemachten Sausage Gravy genossen werden, Sie können sie auch jederzeit als Brotalternative nutzen.

VORBEREITUNGSZEIT 15 min **ZUBEREITUNGSZEIT** 30 min
ERGIBT 6 Portionen

FÜR DIE BISCUITS

65 g Palmfett, plus etwas mehr zum Einfetten des Backblechs

240 ml Kokosmilch

1 Esslöffel (15 ml) Apfelessig

140 g Maniokmehl

60 g Kokosmehl

½ Teelöffel Meersalz

½ Teelöffel Backnatron

2 Teelöffel Honig

FÜR DIE SAUSAGE GRAVY

1 Pfund (500 g) Schweinehack

2 Teelöffel getrocknete Petersilie

1 Teelöffel getrockneter Salbei

1 Teelöffel Knoblauchpulver

½ Teelöffel Meersalz

Kokosnussöl, nach Bedarf

3 Esslöffel (ca. 30 g) Maniokmehl

480 ml Kokosmilch

1. Zubereitung der Biscuits: Den Ofen auf 200 °C vorheizen. Ein Backblech mit Backpapier auslegen und leicht mit dem Palmfett einfetten.

2. In einer kleinen Schüssel Kokosmilch und Essig verrühren und beiseitestellen.

3. In einer großen Schüssel Maniok- und Kokosmehl, Salz und Backnatron gut miteinander verrühren.

4. Das Palmfett in die trockenen Zutaten schneiden und vermengen, bis die Mischung krümelig wird.

5. Den Honig und die Kokosmilch-Mischung dazugießen und rühren, bis alle Zutaten gut eingearbeitet sind und sich ein Teig bildet. Den Teig zu sechs Biscuits formen und diese in gleichmäßigen Abständen auf das vorbereitete Backblech legen. Die Biscuits 25 bis 30 Minuten lang oder bis sie fertig sind backen.

6. Zubereitung der Sausage Gravy: Während die Biscuits backen, das Schweinehack in einer großen, tiefen Kasserole bei mittlerer Hitze anbraten. Petersilie, Salbei, Knoblauch und Salz dazugeben und umrühren. 7 bis 10 Minuten braten, oder bis das Fleisch gebräunt ist, das Fleisch dabei mit dem Rücken eines Löffels zerkleinern. Mit einem geschlitzten Löffel das Fleisch herausnehmen und das Fett in der Kasserole lassen. Sollte es weniger als 2 Esslöffel (30 ml) sein, mehr Fett in die Kasserole geben, am besten Kokosnussöl.

7. Die Hitze reduzieren, das Maniokmehl zum Fett hinzufügen und mit dem Schneebesen einrühren, bis die Mischung andickt.

8. Kokosmilch dazugeben und wieder rühren, bis die Flüssigkeit andickt.

9. Das Schweinefleisch in die Kasserole geben, alles gut miteinander vermischen und erwärmen. Die Soße über die Biscuits geben und servieren.

ONE-PAN-FRÜHLINGSROLLE

Wie wär's mit dem klassischen Geschmack einer Frühlingsrolle, aber ohne die Hülle? Diese Ein-Pfannen-Version ist unglaublich leicht zuzubereiten, besteht aus einer Reihe verschiedener Gemüsesorten und schmeckt dennoch wie eine klassische Frühlingsrolle.

VORBEREITUNGSZEIT 15 min **ZUBEREITUNGSZEIT** 25 min
ERGIBT 4 Portionen

1 Pfund (500 g) Schweinehack

1 Teelöffel Meersalz, in 2 Portionen

2 Esslöffel (30 g) Kokosöl

1 weiße Zwiebel, gewürfelt

1 Knoblauchzehe, gehackt

2 Teelöffel geschälter und geriebener frischer Ingwer

110 g geraspelte Karotten

2 Köpfe Baby-Pak-Choi, Strunk entfernt

1 mittelgroßer Kopf Weißkohl, geschnitten

100 g Champignons, in Scheiben geschnitten

2 Esslöffel Apfelessig

3 Esslöffel (45 ml) Kokos-Aminos

2 Teelöffel (12 g) geschnittene Frühlingszwiebeln

1. In einer großen Pfanne bei mittlerer Hitze das Schweinehack mit ¾ Teelöffel Salz 7 bis 8 Minuten lang oder bis es gebräunt ist braten, dabei das Fleisch mit dem Rücken eines Löffels aufbrechen. Aus der Pfanne nehmen und beiseitestellen. Das Fett abgießen und die Pfanne wieder auf mittlere Hitze bringen.

2. Das Kokosöl in der Pfanne schmelzen lassen.

3. Zwiebel, Knoblauch und Ingwer hinzugeben und 5 bis 6 Minuten dünsten, oder bis die Zwiebel glasig wird.

4. Die Karotte hinzufügen und 2 bis 3 Minuten anbraten.

5. Pak Choi, Kohl und Champignons zugeben und umrühren.

6. Essig, Kokos-Aminos und den restlichen ¼ Teelöffel Salz einrühren. Unter Rühren 4 bis 5 Minuten köcheln lassen, bis der Kohl weich wird.

7. Das Schweinefleisch einrühren und noch 1 weitere Minute oder bis alles warm ist köcheln lassen.

8. Vom Herd nehmen und mit der Frühlingszwiebel garniert warm servieren.

HINWEIS

Dieses Gericht eignet sich gut zum Vorkochen und kann 3 bis 4 Tage in einzelnen Glasbehältern im Kühlschrank aufbewahrt werden.

RINDERLEBER MIT ZWIEBELN

Sie sollten dieses Gericht unbedingt probieren! Rinderleber ist ein nahrhaftes Kraftpaket voller B-Vitamine und Mineralien. Sie passt gut zu Zwiebel und ist eine klassische Kombination. Den besten Geschmack und die meisten Nährstoffe erhalten Sie, wenn das Rind aus Weidehaltung stammt.

VORBEREITUNGSZEIT 1 Stunde   **ZUBEREITUNGSZEIT** 25 min
ERGIBT 3 bis 4 Portionen

1 Pfund (500 g) Rinderleber aus Weidehaltung

480 ml Wasser

Saft von einer Zitrone

3 Baconstreifen, gewürfelt

2 Äpfel (Gala oder Honeycrisp), geschält und klein geschnitten

1 gelbe Zwiebel, halbiert und dünn geschnitten

2 Knoblauchzehen, gehackt

3 bis 4 Esslöffel (45–60 ml) Avocadoöl, in 2 Portionen

½ Teelöffel Meersalz

1 Esslöffel frische Rosmarinnadeln, gehackt

1. Die Rinderleber in eine große Schüssel Wasser legen und den Zitronensaft hinzufügen. Dies entzieht der Leber jegliche Bitterkeit. 1 Stunde im Kühlschrank aufbewahren.

2. In einer großen tiefen Pfanne bei mittlerer Hitze den Bacon knusprig braten. Den Bacon herausnehmen und 2 Esslöffel (30 ml) Baconfett in der Pfanne lassen. Die Pfanne wieder auf mittlere Hitze bringen.

3. Die Äpfel in das Baconfett geben und ca. 5 Minuten dünsten lassen, bis sie weich sind. Mit dem Bacon beiseitestellen.

4. Zwiebel und Knoblauch in die Pfanne geben und 5 bis 6 Minuten dünsten lassen, oder bis die Zwiebel glasig wird. Falls erforderlich, 1 bis 2 Esslöffel (15 bis 30 ml) Avocadoöl hinzufügen, um ein Anbrennen zu verhindern. Die Zwiebel und den Knoblauch aus der Pfanne nehmen, beiseitestellen und die Pfanne vom Herd nehmen.

5. Die Leber aus dem Zitronenwasser nehmen und trocken tupfen. In Würfel schneiden und von allen Seiten mit Salz würzen.

6. Die restlichen 1 bis 2 Esslöffel (15 bis 30 ml) Avocadoöl in die Pfanne geben und auf mittlere Hitze bringen. Die Leber dazugeben und etwa 5 Minuten oder bis die Fleischinnentemperatur 71 °C auf einem Fleischthermometer erreicht braten.

7. Bacon, Äpfel und Zwiebeln zur Leber geben und mit dem Rosmarin bestreuen. Vor dem Servieren noch etwa 1 Minute köcheln lassen und heiß servieren.

LAMM-GYROS-PFANNE

Sie lieben den mediterranen Geschmack? Ich auch. Mit dieser Lamm-Gyros-Pfanne zaubern Sie im Nu ein schnelles und schmackhaftes Abendessen! Es wird aus einfachen Zutaten zubereitet und mit klassischen griechischen Kräutern gewürzt.

VORBEREITUNGSZEIT 15 min   **ZUBEREITUNGSZEIT** 25 min
ERGIBT 3 bis 4 Portionen

FÜR DAS TSATSIKI (OPTIONAL)

115 g Kokos-Joghurt (Seite 31) oder gekauften

Saft einer halben Zitrone

½ Gurke, klein geschnitten

1 Teelöffel frischer Dill

1 Teelöffel frische gehackte Petersilie

¼ Teelöffel Meersalz, plus etwas mehr nach Bedarf

FÜR DIE LAMM-PFANNE

1 Pfund (500 g) Lammhack

1 Teelöffel Meersalz, in 2 Portionen

2 Knoblauchzehen, fein gehackt

200 g Blumenkohl-Reis (Seite 22)

1 Zucchini, halbiert und in Halbmonde geschnitten

1 mittelgroße rote Zwiebel, klein geschnitten

1 Esslöffel frische gehackte Petersilie

1 Teelöffel frischer Dill

Saft einer halben Zitrone

8 bis 12 Oliven

1. Zubereitung des Tsatsikis (falls gewünscht): Alle Zutaten in einer kleinen Schüssel verrühren. Abschmecken und beiseitestellen.

2. Zubereitung der Lamm-Pfanne: Das Lammfleisch in einer großen Pfanne bei mittlerer Hitze mit einem ½ Teelöffel Salz mischen. Etwa 7 Minuten braten lassen, bis das Fleisch gebräunt und gar ist, dabei das Fleisch mit dem Rücken eines Löffels aufbrechen. Mit einem geschlitzten Löffel das Fleisch herausnehmen und 2 Esslöffel (30 ml) Fett in der Pfanne lassen. Die Pfanne wieder auf mittlere Hitze bringen.

3. Den Knoblauch in die Pfanne geben und 2 bis 3 Minuten dünsten lassen, bis er duftet.

4. Den Blumenkohl-Reis, die Zucchini und die rote Zwiebel hinzufügen und 7 bis 8 Minuten mitdünsten lassen, bis alles weich ist.

5. Das Lamm in die Pfanne zurückgeben und mit Petersilie, Dill, einem halben Teelöffel Salz und Zitronensaft übergießen. Gut umrühren. 2 bis 3 Minuten erhitzen, damit sich die Aromen verbinden. Mit den Oliven und Tsatsiki (falls verwendet) garniert servieren.

HINWEIS

Dieses Gericht kann in einzelnen Glasbehältern – mit dem Tsatsiki in einem separaten Behälter – drei bis vier Tage im Kühlschrank aufbewahrt werden.

ZUCCHINI-HÄHNCHEN-ENCHILADAS

Kann man tatsächlich Enchiladas ohne Gewürze aus Nachtschattengewächsen, Käse oder Mais- oder Mehltortillas zubereiten? Ja! Diese Zucchini-Enchiladas sind ein Sonntagsessen voller Gemüse, und es macht obendrein noch Spaß, sie zu essen. Wenn Ihr Haushalt dem unseren ähnelt, werden diese Enchiladas in Nullkommanix aufgegessen sein. Sie eignen sich aber auch hervorragend zum Vorkochen.

VORBEREITUNGSZEIT 15 min   **ZUBEREITUNGSZEIT** 45 min
ERGIBT 10 bis 12 Enchiladas

FÜR DIE ENCHILADA-SOSSE

2 Esslöffel (30 ml) Avocadoöl

1 mittelgroße weiße Zwiebel, fein gewürfelt

250 g »Tomaten«-Soße (Seite 25)

120 ml Hühnerknochenbrühe (Seite 19)

120 ml Wasser

2 bis 3 Teelöffel Meerrettichpulver

2 Teelöffel Knoblauchpulver

¾ Teelöffel Meersalz

FÜR DEN AVOCADO-SAUERRAHM

2 Avocados

60 ml Avocadoöl

Saft einer Limette

½ Teelöffel Meersalz

FÜR DIE ENCHILADAS

1 Pfund (500 g) gekochte Hähnchenbrust, klein geschnitten

4 bis 5 große Zucchini, Enden abgeschnitten

2 Esslöffel frisch gehackter Koriander

2 Esslöffel Frühlingszwiebeln, in Ringe geschnitten

1. Zubereitung der Enchilada-Soße: Das Avocadoöl in einer mittelgroßen Pfanne bei mittlerer Hitze erhitzen.

2. Die Zwiebel hinzugeben und 5 bis 6 Minuten oder bis sie leicht glasig wird anbraten.

3. Die restlichen Zutaten einrühren und zum Kochen bringen. Unter gelegentlichem Rühren 10 bis 15 Minuten oder bis die Soße andickt köcheln lassen. Wird eine glattere Soße gewünscht, einfach mit einem Stabmixer glatt pürieren. Beiseitestellen.

4. Den Ofen auf 180 °C vorheizen.

5. Zubereitung der Enchiladas: Mit einem Drittel der Enchilada-Soße den Boden einer 23 × 33 cm großen Backform bedecken und ein weiteres Drittel mit dem Hähnchen mischen. Beiseitestellen.

6. Mit einem Gemüseschäler oder einer Mandoline, die auf 0,3 cm eingestellt ist, lange, dünne, vertikale Zucchinischeiben schneiden. 5 Minuten beiseitestellen und dann mit einem Papiertuch oder einem sauberen Geschirrtuch trocken tupfen.

7. Während die Zucchini ruhen, den Avocado-Sauerrahm zubereiten: In einem Hochleistungsmixer alle Zutaten für den Sauerrahm pürieren.

8. Die Enchiladas zusammensetzen: Auf der Arbeitsfläche drei Zucchinischeiben nebeneinanderlegen, sodass sie sich kaum überlappen. Etwa 35 g der zerkleinerten Hähnchenmischung auf den Rand der Zucchinilage geben und die Zucchini zu einer Enchilada aufrollen. Die Enchilada in die Auflaufform legen. Diesen Vorgang wiederholen, bis die Backform mit etwa 10 bis 12 Enchiladas gefüllt ist. Mit dem Rest der Enchilada-Soße bedecken. Die Enchiladas 15 bis 20 Minuten backen. Zum Abkühlen beiseitestellen.

9. Die Enchiladas vor dem Servieren mit Avocado-Sauerrahm, Koriander und Frühlingszwiebeln anrichten.

HINWEIS

Sie können dieses Gericht im Kühlschrank aufbewahren, lassen Sie dann aber den Avocado-Sauerrahm weg und servieren Sie es immer mit frischer Avocado, um ein Braunwerden zu vermeiden.

HÄHNCHEN TIKKA MASALA

Dieses Gericht ist cremig, pikant und absolut köstlich! Auch wenn es ein bisschen mehr Vorbereitung braucht als einige der anderen Rezepte in diesem Buch, ist es die Mühe wert. Sparen Sie ein paar Schritte ein, indem Sie Kokos-Joghurt im Laden kaufen (siehe Hinweis) und die »Tomaten«-Soße ohne Nachtschattengewächse (Seite 25) verwenden, die im Voraus zubereitet und im Gefrierschrank aufbewahrt wurde.

VORBEREITUNGSZEIT 4 Stunden   **ZUBEREITUNGSZEIT** 40 min   **ERGIBT** 4 Portionen

FÜR DAS HÄHNCHEN UND DIE MARINADE

240 g Kokos-Joghurt (Seite 31) oder gekauft

Saft einer halben Zitrone

1 Teelöffel gemahlenes Kurkuma

½ Teelöffel Meerrettichpulver

½ Teelöffel Meersalz

1,5 Pfund (750 g) Hähnchenbrust ohne Knochen, gewürfelt

FÜR DIE SOSSE

1 Esslöffel Kokosöl

1 mittelgroße Zwiebel, gewürfelt

2 Teelöffel gemahlenes Kurkuma

1 Teelöffel gemahlener Ingwer

½ Teelöffel Meersalz

500 g »Tomaten«-Soße ohne Nachtschattengewächse (Seite 25)

240 g Kokoscreme

ZUM ANRICHTEN

1 Teelöffel frischer gehackter Koriander

200 bis 300 g Blumenkohl-Reis (Seite 22)

1. Zubereitung des Hähnchens und der Marinade: In einer mittelgroßen Schüssel Joghurt, Zitronensaft, Kurkuma, Meerrettichpulver und Salz gut mischen. Das Hähnchenfleisch dazugeben, mit der Marinade vermengen, zudecken und 3 bis 4 Stunden oder über Nacht in den Kühlschrank stellen.

2. Eine tiefe Kasserole auf mittlerer Stufe erhitzen. Das Hähnchen aus der Marinade nehmen und in die Kasserole geben. 8 bis 10 Minuten anbraten, oder bis die Fleischinnentemperatur 74 °C auf einem Fleischthermometer erreicht. Das Hähnchen herausnehmen und beiseitestellen.

3. Zubereitung der Soße: Die Kasserole wieder auf mittlere Hitze bringen und das Kokosöl zum Schmelzen hineingeben.

4. Die Zwiebel hinzufügen und 5 bis 6 Minuten dünsten. Kurkuma, Ingwer und Salz unterrühren.

5. Die »Tomaten«-Soße einrühren und auf kleiner Flamme köcheln lassen. Die Hitze auf mittlere bis niedrige Stufe reduzieren und 15 bis 20 Minuten kochen lassen, oder bis die Soße zu einer Paste eindickt. Die Kokoscreme einrühren und gut verrühren.

6. Das Hähnchen in die Soße geben und nochmal einige Minuten erhitzen, damit sich die Aromen verbinden.

7. Das Hähnchen auf dem Blumenkohl-Reis und mit Koriander garniert servieren.

HINWEIS

Wenn Sie im Laden gekauften Joghurt verwenden, achten Sie darauf, dass keine Zuckerzusätze oder Verdickungsmittel wie Xanthan oder Guarkernmehl darin enthalten sind.

Hauptgerichte und Proteine für jeden Heißhunger

ONE-PAN-HÄHNCHEN-PICCATA MIT SPARGEL

Hühnchen-Piccata ist ein leckeres italienisches Gericht, das normalerweise mit bemehltem Hähnchen und einer Soße mit Weißwein, Zitrone und Kapern zubereitet wird. Auch wenn der Alkohol verkochen würde, verzichtet dieses Rezept dennoch auf den Wein.

VORBEREITUNGSZEIT 10 min **ZUBEREITUNGSZEIT** 20 min
ERGIBT 5 bis 6 Portionen

1 Pfund (500 g) Hähnchenschnitzel

1 Teelöffel Meersalz, plus etwas mehr zum Würzen

30 g Pfeilwurzelstärke

3 Esslöffel (45 ml) Avocadoöl

2 Knoblauchzehen, fein gehackt

1 Bund Spargel, Enden abgeschnitten

240 ml Hühnerknochenbrühe (Seite 19)

Saft einer großen Zitrone

2 Esslöffel (20 g) Kapern

½ Zitrone, in Scheiben geschnitten

1 Esslöffel frische gehackte Petersilie

1. Hähnchenschnitzel trocken tupfen und von beiden Seiten mit Salz würzen.

2. Pfeilwurzelstärke in eine flache Schüssel geben und das Huhn darin wenden.

3. In einer großen tiefen Kasserole bei mittlerer Temperatur das Avocadoöl erhitzen.

4. Das Hähnchen hinzufügen und 4 bis 5 Minuten auf jeder Seite garen, oder bis das Fleisch leicht gebräunt ist und eine Innentemperatur von 74 °C auf einem Fleischthermometer erreicht. Das Hähnchen herausnehmen.

5. Die Hitze leicht reduzieren und den Knoblauch hinzufügen. Knoblauch 2 bis 3 Minuten dünsten lassen, bis er duftet.

6. Den Spargel in die Pfanne geben und leicht salzen. Die Knochenbrühe angießen und auf kleiner Flamme köcheln lassen. Die Kasserole zudecken und 5 Minuten oder bis der Spargel weich ist köcheln lassen.

7. Das Hähnchen wieder in die Kasserole geben und den Zitronensaft und die Kapern hinzufügen. Das Hähnchen 1 Minute lang heiß werden lassen. Mit Zitronenscheiben belegen und mit Petersilie garniert servieren.

HINWEIS

Sie können an der Fleischtheke zubereitete Hähnchenschnitzel kaufen oder eine Hähnchenbrust einfach der Länge nach in Scheiben schneiden.

HÄHNCHEN- UND WAFFELSANDWICHES

Sie lesen ganz richtig! Diese Sandwiches sind lecker, reinste Nahrung für die Seele und ein wirklich schmackhaftes Essen für besondere Anlässe. Sie sind herzhaft genug, um als Hauptgericht genossen zu werden, können aber auch zum Brunch oder als sättigende Vorspeise serviert werden.

VORBEREITUNGSZEIT 1 Stunde **ZUBEREITUNGSZEIT** 35 min
ERGIBT 3 bis 4 Portionen

1 Pfund (500 g) Hähnchenbrust ohne Knochen

240 ml Kokosmilch

2 Esslöffel (30 ml) Apfelessig

2 Esslöffel (30 g) Avocadoöl

30 g Pfeilwurzelstärke

2 Esslöffel Kokosmehl

2 Teelöffel getrocknete Petersilie

2 Teelöffel Knoblauchpulver

1 Teelöffel Zwiebelpulver

1 Teelöffel Meersalz

3 Esslöffel (45 ml) Avocadoöl

3 oder 4 Waffeln, geviertelt (s. Blaubeerwaffeln, Seite 28)

Rucola, zum Anrichten

Avocado, in Scheiben geschnitten, zum Anrichten

Honig, zum Anrichten (optional)

1. Das Hähnchen in 6 bis 8 Stücke (1 für jedes Sandwich) schneiden, die klein genug sind, dass sie zwischen die geviertelten Waffeln passen.

2. In einer mittelgroßen Schüssel Kokosmilch und Essig verquirlen. Das Hähnchenfleisch hinzufügen und alles gut vermischen. Für 20 bis 30 Minuten in den Kühlschrank stellen. Überschüssige Flüssigkeit entfernen und abtropfen lassen.

3. Den Ofen auf 200 °C vorheizen. Ein großes Backblech mit Backpapier auslegen und leicht mit Kokosnussöl bestreichen. Beiseitestellen.

4. Die trockenen Zutaten in einer weiteren mittelgroßen Schüssel miteinander vermischen.

5. Jedes Hähnchenstück einzeln und gründlich darin panieren. Das panierte Hähnchen auf das vorbereitete Backblech legen und mit dem Avocadoöl beträufeln. 30 bis 35 Minuten oder bis die Fleischinnentemperatur 74 °C auf einem Fleischthermometer erreicht backen. Dabei nach der Hälfte der Garzeit umdrehen, damit alles gleichmäßig gart.

6. Zusammenstellen der Sandwiches: Auf ein Viertel-Waffelstück eine Schicht Rucola, Avocado und Hähnchen legen und mit einem weiteren Waffelstück belegen. Verwenden Sie einen kleinen Spieß, um das Sandwich zusammenzuhalten. Diesen Vorgang wiederholen und die restlichen Sandwiches zusammensetzen. Mit Honig (falls gewünscht) servieren.

KORIANDER-AVOCADO-CHICKEN-POPPERS

Falls Sie jemals meinen Blog gelesen haben, dann wissen Sie, dass ich etliche Rezepte für Chicken-Poppers habe! Sie sind leicht zuzubereiten, preisgünstig und kinderfreundlich. Alle meine Chicken-Poppers bestehen aus Hähnchenhackfleisch, stärkehaltigem Gemüse und weiteren Gemüsesorten sowie Kräutern für den Geschmack. Diese Version enthält all diese Elemente und zusätzlich ganze Avocadostücke für mehr gesundes Fett und Geschmack!

VORBEREITUNGSZEIT 15 min   **ZUBEREITUNGSZEIT** 25 min
ERGIBT 3 bis 4 Portionen

220 g geschälte und zerkleinerte Süßkartoffel

1 Pfund (500 g) Hähnchenhackfleisch (s. Hinweis für Alternativen)

2 Esslöffel (30 ml) Avocadoöl

2 Esslöffel (15 g) Kokosmehl

1 Esslöffel frisch gehackter Koriander

1 Knoblauchzehe, gehackt

2 Teelöffel Zwiebelpulver

¾ Teelöffel Meersalz

Saft einer Limette

1 mittelgroße Avocado, geschält, entkernt und gewürfelt

Guacamole (Seite 53) zum Servieren

1. Den Ofen auf 200 °C vorheizen und ein Backblech mit Backpapier auslegen. Beiseitestellen.

2. Die Süßkartoffel in einer Küchenmaschine fein zerkleinern und in eine große Schüssel geben.

3. Hähnchenhackfleisch, Avocadoöl, Kokosmehl, Koriander, Knoblauch, Zwiebelpulver, Salz und Limettensaft hinzufügen und die Zutaten gründlich von Hand mischen. Beiseitestellen.

4. Eine kleine Handvoll der Hähnchenmischung nehmen und vorsichtig ein bis drei Avocadowürfel hineindrücken. Die Hähnchenmischung leicht flach pressen und auf das vorbereitete Backblech legen. Den Vorgang mit den restlichen Zutaten wiederholen. Es sollten etwa 25 Poppers werden. Ungefähr 25 Minuten backen, bis die Fleischinnentemperatur auf einem Fleischthermometer 74 °C erreicht. Nach der Hälfte der Backzeit wenden.

5. Für eine knusprigere Textur weitere 1 bis 2 Minuten braten.

6. Mit Guacamole-Dip servieren.

HINWEIS

Sollten Sie kein Hähnchenhackfleisch finden, geben Sie einfach 1 Pfund (500 g) Hähnchenbrust in eine Küchenmaschine und stellen Ihr eigenes her! Sie können auch Hackfleisch vom Truthahn verwenden.

Für eine kokosnussfreie Zubereitung verwenden Sie Maniok- statt Kokosmehl.

Dieses Gericht kann in einzelnen Glasbehältern 1 bis 2 Tage im Kühlschrank aufbewahrt werden. Die Guacamole sollten Sie aber frisch dazu servieren.

TERIYAKI-HÄHNCHENPFANNE

Mit einer Teriyaki-Hähnchenpfanne können Sie nie falschliegen. Sie ist schnell zusammengestellt, voller Geschmack, sättigend und immer parat, wenn Sie einmal nicht wissen, was Sie kochen sollen. Mein Mann und ich essen dieses Gericht mindestens einmal in der Woche und es enttäuscht nie.

VORBEREITUNGSZEIT 15 min **ZUBEREITUNGSZEIT** 25 min
ERGIBT 3 bis 4 Portionen

FÜR DIE SOSSE

60 ml Kokos-Aminos, plus etwas mehr nach Bedarf

2 Esslöffel (30 ml) frischen Orangensaft

2 Teelöffel Honig

1 Teelöffel geschälter, geriebener Ingwer

1 Teelöffel Zwiebelpulver

½ Teelöffel Meersalz

1 Teelöffel Pfeilwurzelstärke

FÜR DAS TERIYAKI-HÄHNCHEN

2 bis 3 Esslöffel (30 bis 40 g) Kokosöl (oder 30 bis 45 ml Avocadoöl)

½ mittelgroße rote Zwiebel, gehackt

140 g Brokkoliröschen

130 g Karotte, klein geschnitten

½ Teelöffel Meersalz, in 2 Portionen

1 Pfund (500 g) Hähnchenbrust ohne Knochen, gewürfelt

2 bis 3 Frühlingszwiebeln, in Ringe geschnitten

Blumenkohl-Reis (Seite 22), zum Servieren (optional)

1. Zubereitung der Soße: In einem kleinen Topf bei geringer Hitze Kokos-Aminos, Orangensaft, Honig, Ingwer, Zwiebelpulver und Salz verquirlen. 3 bis 4 Minuten köcheln lassen.

2. Die Pfeilwurzelstärke mit dem Schneebesen einrühren. Zum Andicken 2 weitere Minuten kochen lassen. Falls gewünscht, weitere Kokos-Aminos zugeben, um die Konsistenz zu verdünnen. Beiseitestellen.

3. Zubereitung des Teriyaki-Hähnchens: In einer großen, tiefen Kasserole bei mittlerer Hitze das Kokosöl schmelzen.

4. Die rote Zwiebel, Brokkoli, Karotte und ¼ Teelöffel Salz hinzufügen. Etwa 7 Minuten dünsten lassen oder bis das Gemüse weich ist. Mit einem Schaumlöffel das Gemüse herausnehmen, das Fett in der Kasserole lassen. Die Kasserole wieder auf mittlere Hitze bringen.

5. Das Hähnchen hinzufügen und mit dem restlichen ¼ Teelöffel Salz würzen. 5 bis 7 Minuten oder bis die Fleischinnentemperatur 74 °C auf einem Fleischthermometer erreicht braten.

6. Das Gemüse und die Soße in die Kasserole geben und umrühren. Etwa 1 Minute erhitzen und die Frühlingszwiebeln dazugeben. Mit dem Blumenkohl-Reis (falls verwendet) servieren.

HINWEIS

Dieses Gericht kann im Voraus zubereitet und in einzelnen Glasbehältern für drei bis vier Tage im Kühlschrank aufbewahrt werden, damit Sie es auch unter der Woche genießen können.

EINFACHES HAWAIIANISCHES HÄHNCHEN

Dieses Gericht ist leicht zuzubereiten und kann pur oder mit einer einfachen Beilage wie z.B. dem Blumenkohl-Reis (Seite 22) oder einem kleinen Salat genossen werden. Auch eignet sich dieses Gericht fantastisch dazu, an einem Sonntag vorbereitet zu werden, um es unter der Woche zu genießen.

VORBEREITUNGSZEIT 5 min   **ZUBEREITUNGSZEIT** 35 min
ERGIBT 4 Portionen

FÜR DIE SOSSE

5 Esslöffel (75 ml) Ananassaft

3 Esslöffel (45 ml) Kokos-Aminos, mehr nach Bedarf

¾ Teelöffel Meersalz

1 ½ Teelöffel Pfeilwurzelstärke

FÜR DAS HAWAIIANISCHE HÄHNCHEN

1 ½ Pfund (750 g) Hähnchenbrust ohne Knochen, gewürfelt

320 g Ananas in Stücken

140 g Brokkoli, klein geschnitten

1 große rote Zwiebel, grob gehackt

2 Esslöffel (30 g) Kokosöl, geschmolzen

1 Esslöffel frischer gehackter Koriander

2 bis 3 Frühlingszwiebeln, in Ringe geschnitten

1. Zubereitung der Soße: In einem kleinen Kochtopf bei niedriger Hitze Ananassaft, Kokos-Aminos und Salz verrühren und 3 bis 4 Minuten köcheln lassen.

2. Die Pfeilwurzelstärke mit dem Schneebesen einrühren. Zum Andicken weitere 2 Minuten köcheln lassen. Falls gewünscht, weitere Kokos-Aminos zugeben, um die Konsistenz zu verdünnen. Beiseitestellen.

3. Zubereitung des hawaiianischen Hähnchens: Den Ofen auf 190 °C vorheizen und ein großes Backblech mit Backpapier auslegen. Beiseitestellen.

4. In einer großen Schüssel die Soße, das Hähnchen, die Ananas, den Brokkoli, die rote Zwiebel und das geschmolzene Kokosnussöl mischen, bis das Hähnchen vollständig bedeckt ist. Die Mischung in einer gleichmäßigen Schicht auf ein vorbereitetes Backblech geben. 30 Minuten lang oder bis das Hähnchen eine Innentemperatur von 74 °C auf einem Fleischthermometer erreicht hat backen.

5. Mit Koriander und Frühlingszwiebeln garnieren. Sofort servieren.

HINWEIS

Dieses Gericht eignet sich gut zum Vorkochen. Lassen Sie es aber abkühlen, ehe es in einzelnen Glasbehältern im Kühlschrank aufbewahrt werden kann. So können Sie es auch während der Woche genießen.

HONIG-»BUTTERMILCH«-HÄHN-CHENSTREIFEN MIT RANCH-DIP

Ich bin mit Chicken Nuggets und Hähnchenstreifen aufgewachsen, die ich *mehrmals* pro Woche gegessen habe, und ich glaube ernsthaft, ich bin ein bisschen besessen davon. Dieses Rezept macht sie AIP-konform, ohne etwas vom Geschmack der klassischen Version zu verlieren.

VORBEREITUNGSZEIT 1 Stunde, 10 min   **ZUBEREITUNGSZEIT** 30 min
ERGIBT 2 bis 3 Portionen

FÜR DEN RANCH-DIP

80 g Kokoscreme (s. Hinweis)

3 Esslöffel (45 ml) Kokosmilch (s. Hinweis)

2 Teelöffel Apfelessig

2 Teelöffel frische gehackte Petersilie

1 Teelöffel frischer gehackter Schnittlauch

½ Teelöffel getrockneter Dill

½ Teelöffel Knoblauchpulver

½ Teelöffel Zwiebelpulver

½ Teelöffel Meersalz

FÜR DIE HÄHNCHEN-STREIFEN

240 ml Kokosmilch

80 g Honig

2 Esslöffel (30 ml) Apfelessig

1 Pfund (500 g) Hähnchenbrust ohne Knochen, in Streifen geschnitten

110 g Kochbananen-Chips (Seite 53)

1 Esslöffel frischer gehackter Schnittlauch

¼ Teelöffel Meersalz

75 g Kokosöl, geschmolzen

1. Zubereitung des Ranch-Dips: Kokoscreme, Kokosmilch und Essig in einer mittelgroßen Schüssel verquirlen, bis alles cremig und vollständig vermischt ist. Die Kräuter und Gewürze mit dem Schneebesen einrühren und im Kühlschrank aufbewahren, bis der Dip benötigt wird.

2. Zubereitung der Hähnchenstreifen: In einer weiteren mittelgroßen Schüssel die Kokosmilch, den Honig und den Essig mischen. Das Huhn dazugeben und gut mit der Mischung überziehen. Zugedeckt 45 bis 60 Minuten in den Kühlschrank stellen. Die überschüssige Milch abtropfen lassen.

3. Den Ofen auf 200 °C vorheizen und ein großes Backblech mit Backpapier auslegen.

4. Die Kochbananen-Chips in einer Küchenmaschine fein mahlen. In eine mittlere Schüssel geben und Schnittlauch und Salz einrühren.

5. Das Kokosöl in eine andere Schüssel geben und diese neben die Chipsmischung stellen.

6. Jeden Hähnchenstreifen mit einer Zange in das Kokosnussöl und dann in die Kochbananenmischung tauchen. Die panierten Streifen auf das vorbereitete Backblech legen, 20 bis 25 Minuten lang backen und vorsichtig nach der Hälfte der Backzeit wenden. Auf einen Teller geben und etwa 10 Minuten abkühlen lassen. Mit dem Ranch-Dip servieren.

HINWEIS

Legen Sie für den Ranch-Dip eine Dose Kokosmilch über Nacht in den Kühlschrank und verwenden Sie die Sahne, die oben aushärtet.

Das Panieren der Hähnchenstreifen ist heikel, seien Sie also vorsichtig beim Wenden und Bewegen. Die Hähnchenstreifen brauchen Zeit zum Abkühlen, damit der Überzug vor dem Verzehr aushärtet.

BACON RANCH PUTEN-BURGER

Diese Puten-Burger werden mit einem hausgemachten Ranch-Gewürz verfeinert und mit einem cremigen Avocado-Ranch-Dressing und knusprigem Bacon belegt! Sie sind eine einzigartige Ergänzung für jeden Grillabend, aber leicht genug zuzubereiten, um sie an einem beliebigen Wochentag zu genießen.

VORBEREITUNGSZEIT 10 min   **ZUBEREITUNGSZEIT** 20 min
ERGIBT 4 Burger

FÜR DAS AVOCADO-RANCH-DRESSING

1 große Avocado, entsteint und geschält

3 bis 4 Esslöffel (45 bis 60 ml) Kokosmilch (s. Hinweis)

1 Esslöffel (15 ml) Avocadoöl

2 Teelöffel Apfelessig

2 Teelöffel frische gehackte Petersilie

1 Teelöffel frischer gehackter Schnittlauch

½ Teelöffel getrockneter Dill

½ Teelöffel Zwiebelpulver

½ Teelöffel Knoblauchpulver

½ Teelöffel Meersalz

FÜR DIE PUTEN-BURGER

1 Pfund (500 g) Putenhack

2 Esslöffel frische gehackte Petersilie

2 Teelöffel frischer gehackter Schnittlauch

2 Teelöffel Zwiebelpulver

2 Teelöffel Knoblauchpulver

1 Teelöffel frischer Dill

¾ Teelöffel Meersalz

1 Esslöffel Kokosmehl

1 Esslöffel Kokosöl, plus etwas mehr zum Einfetten der Grillpfanne

4 bis 5 Scheiben Bacon, gebraten

½ mittelgroße rote Zwiebel, in Scheiben geschnitten

1 Kopfsalat, Blätter abgetrennt

1. Zubereitung des Avocado-Ranch-Dressings: Das Fruchtfleisch der Avocado in einen Hochleistungsmixer geben, die restlichen Zutaten hinzufügen und glatt pürieren. Beiseitestellen.

2. Zubereitung der Puten-Burger: In einer großen Schüssel das Putenhack, Petersilie, Schnittlauch, Zwiebelpulver, Knoblauchpulver, Dill, Salz, Kokosnussmehl und Kokosnussöl gut vermengen. Die Mischung zu vier Puten-Burgern formen und beiseitestellen.

3. Eine Grillpfanne oder Gusseisenpfanne leicht mit Kokosnussöl einfetten und bei großer Hitze heiß werden lassen.

4. Je zwei Burger in die Pfanne geben und etwa 5 Minuten auf jeder Seite oder bis die Fleischinnentemperatur 74 °C auf einem Fleischthermometer erreicht braten. Vom Herd nehmen und etwas abkühlen lassen. Mit den übrigen Burgern wiederholen.

5. Die Puten-Burger mit dem Avocado-Ranch-Dressing, Bacon und roten Zwiebeln belegen und pur oder in ein Salatblatt gewickelt servieren.

HINWEIS

Die Menge der verwendeten Kokosmilch hängt von der Größe Ihrer Avocado ab und davon, wie cremig Sie das Ranch-Dressing haben möchten. Fügen Sie je nach Bedarf 1 Esslöffel (15 ml) mehr oder weniger hinzu.

Hauptgerichte und Proteine für jeden Heißhunger

BAJA-FISCH-TACOS

Diese Fisch-Tacos bringen mehr Gemüse in Ihr Leben und sparen Ihnen Zeit, weil Sie keine Tortillas herstellen müssen, sondern Kopfsalat als Taco verwenden.

VORBEREITUNGSZEIT 15 min   **ZUBEREITUNGSZEIT** 5 min
ERGIBT 2 Portionen

60 ml Avocadoöl

3 Esslöffel (25 g) Pfeilwurzelstärke

2 Kabeljaufilets (140 bis 170 g)

½ Teelöffel Meersalz

4 Kopfsalatblätter

45 g Mango, gewürfelt

80 g rote Zwiebel, gewürfelt

2 Radieschen, halbiert und in Scheiben geschnitten

2 bis 3 Esslöffel (30–45 g) Avocado-Sauerrahm (Seite 120) oder
1 Avocado, entkernt, geschält und gewürfelt

1 Esslöffel frischer gehackter Koriander

1 Limette, geviertelt

1. In einer großen tiefen Kasserole bei mittlerer bis hoher Hitze das Avocadoöl erhitzen.

2. Die Pfeilwurzelstärke in eine flache Schüssel geben, die Kabeljaufilets auf beiden Seiten mit Salz würzen und in der Stärke wenden. Die Filets vorsichtig in die Kasserole legen. Auf jeder Seite 2 bis 3 Minuten braten, dazwischen vorsichtig umdrehen. Beiseitestellen und halbieren.

3. Die Kopfsalatblätter auf eine Arbeitsfläche legen und darauf Kabeljau, Mango, rote Zwiebel und Radieschenscheiben gleichmäßig verteilen. Mit Avocado-Sauerrahm (oder frischer Avocado) und Koriander belegen. Sofort mit einer Limettenspalte zum Auspressen servieren.

GARNELEN ALFREDO

Es geht doch nichts über eine cremige Alfredo-Soße! Dieses Rezept bietet eine gemüsehaltige Alternative zur klassischen schweren Alfredo, besitzt aber dennoch seine Cremigkeit.

VORBEREITUNGSZEIT 15 min   **ZUBEREITUNGSZEIT** 1 Stunde
ERGIBT 8 bis 9 Portionen

FÜR DEN SPAGHETTI-KÜRBIS

1 mittelgroßen Spaghettikürbis, längs halbiert und entkernt

FÜR DIE ALFREDO-SOSSE

400 g Blumenkohlröschen

120 ml Kokosmilch

60 ml Hühnerknochenbrühe (Seite 19)

1 Esslöffel Hefeflocken

1 Esslöffel (15 ml) Olivenöl

1 Knoblauchzehe, geschält

¼ Teelöffel Meersalz

FÜR DIE GARNELEN

2 Esslöffel (30 ml) Olivenöl

340 g mittelgroße Garnelen, geschält und entdarmt

½ Teelöffel Meersalz

1 Esslöffel frische gehackte Petersilie

1. Zubereitung des Spaghettikürbisses: Den Ofen auf 200 °C vorheizen und ein Backblech mit Backpapier auslegen.

2. Die Kürbishälften mit der Schale nach oben auf das vorbereitete Backblech legen. 40 bis 50 Minuten oder bis die Schale weich ist backen.

3. Leicht abkühlen lassen, bevor man mit einer Gabel die »Spaghetti« aus dem Kürbis löst. Die Kürbisspaghetti beiseitelegen und die Schale entsorgen.

4. Zubereitung der Alfredo-Soße: Während der Kürbis kocht, einen mittelgroßen Topf mit etwa 5 cm Wasser füllen und den Blumenkohl hineingeben. Die Herdplatte auf mittlere Hitze stellen, den Topf zudecken und den Blumenkohl 8 bis 10 Minuten oder bis er weich ist simmern lassen. Abseihen und mit einem Papiertuch oder Käsetuch die überschüssige Flüssigkeit abseihen. In einen Hochleistungsmixer geben, die restlichen Soßenzutaten hinzufügen und pürieren, bis die Soße glatt ist. Beiseitestellen.

5. Zubereitung der Garnelen: In einer großen tiefen Pfanne bei mittlerer Hitze das Olivenöl erhitzen.

6. Die Garnelen mit Salz würzen und in die Pfanne geben. Auf jeder Seite ca. 2 Minuten oder bis sie rosa sind braten. Aus der Pfanne nehmen. Die Pfanne wieder auf den Herd stellen.

7. Das Kürbisfleisch und die Alfredo-Soße hinzufügen und 1 bis 2 Minuten erhitzen. Die Garnelen unter das Kürbisfleisch heben, mit der Petersilie garnieren und sofort servieren.

KRÄUTER-LACHSFRIKADELLEN

Diese Lachsfrikadellen stecken voller Gemüse, Proteine und gesunden Fetten! Sie bieten die perfekte Möglichkeit, einige nährstoffreiche Zutaten – als knuspriges Comfort Food getarnt – hineinzupacken.

VORBEREITUNGSZEIT 20 min **ZUBEREITUNGSZEIT** 45 min
ERGIBT 7 bis 8 Lachsfrikadellen

125 g Zucchini, klein geschnitten

65 g Karotte, klein geschnitten

2 Esslöffel Frühlingszwiebel, in Ringe geschnitten

1 Esslöffel frische gehackte Petersilie

1 Esslöffel Kokosmehl

1 Esslöffel Pfeilwurzelstärke

1 Teelöffel getrockneter Dill

½ Teelöffel Meersalz

1 Dose (ca. 170 g) Lachs, abgetropft

1 Esslöffel (15 ml) frischer Zitronensaft

2 Esslöffel (30 g) Kokosöl

1. Den Ofen auf 200 °C vorheizen und ein Backblech mit Backpapier auslegen. Beiseitestellen.

2. In einer Küchenmaschine Zucchini und Karotte zu kleinen Stückchen zerkleinern. In einen Nussmilchbeutel oder in ein Seihtuch geben oder in ein Papiertuch wickeln und die überschüssige Flüssigkeit ausdrücken. Das Gemüse in eine große Schüssel geben.

3. Frühlingszwiebel, Petersilie, Kokosmehl, Pfeilwurzelstärke, Dill und Salz unterrühren.

4. Mit den Händen die überschüssige Flüssigkeit aus dem abgetropften Lachs drücken und ihn zusammen mit dem Zitronensaft und dem Kokosöl in die Schüssel geben. Mit den Händen alles vollständig vermischen. Die Mischung zu sieben oder acht flachen Lachsfrikadellen von etwa 5 cm Durchmesser formen und auf das vorbereitete Backblech legen. 40 bis 45 Minuten lang backen, dabei vorsichtig nach der Hälfte der Backzeit wenden.

HINWEIS

Dieses Gericht eignet sich gut zum Vorkochen und kann 1 oder 2 Tage in einzelnen Glasbehältern im Kühlschrank aufbewahrt werden. Die Lachsfrikadellen schmecken auch kalt sehr gut!

GARNELEN & »POLENTA« MIT SPINAT

Dieser Südstaaten-Klassiker wird traditionell mit Zutaten hergestellt, die nichts mit AIP zu tun haben, wie beispielsweise mit Gewürzen aus Nachtschattengewächsen, Mais und Butter. Diese Version wird jedoch mit einer Würzmischung und nahrhaftem Gemüse zubereitet, die AIP-freundlich sind.

VORBEREITUNGSZEIT 15 min   **ZUBEREITUNGSZEIT** 30 min
ERGIBT 2 Portionen

FÜR DIE BLUMENKOHL-POLENTA

250 g Blumenkohl, auf Reisgröße zerkleinert

2 Esslöffel (30 g) Kokosöl

2 Esslöffel (30 ml) Kokosmilch

2 Teelöffel Knoblauchpulver

½ Teelöffel Meersalz

FÜR DEN SPINAT

1 Esslöffel (15 g) Kokosöl

90 g Spinat

¼ Teelöffel Meersalz

FÜR DIE GARNELEN

2 Teelöffel Knoblauchpulver

2 Teelöffel Zwiebelpulver

1 Teelöffel Meersalz

1 Teelöffel getrockneter Thymian

1 Teelöffel getrockneter Oregano

½ Teelöffel gemahlenes Kurkuma

1 Pfund (500 g) mittelgroße Garnelen, geschält und entdarmt

2 bis 3 Esslöffel (30 bis 40 g) Kokosöl

Saft einer halben Zitrone

1 Esslöffel frische gehackte Petersilie

1. Zubereitung der Blumenkohl-Polenta: In einen mittelgroßen Topf den zerkleinerten Blumenkohl und genügend Wasser geben, sodass er gerade bedeckt ist. Den Topf auf mittlerer Hitze langsam zum Kochen bringen, zudecken und den Blumenkohl ca. 7 Minuten oder bis der Blumenkohl-Reis weich ist dämpfen. Das überschüssige Wasser aus dem Topf abseihen. Den Blumenkohl-Reis in eine Küchenmaschine geben.

2. Das Kokosöl, die Kokosmilch, das Knoblauchpulver und das Salz in die Küchenmaschine geben und alles zu einem glatten Teig verarbeiten. Gleichmäßig auf zwei Teller oder Schüsseln verteilen und beiseitestellen.

3. Zubereitung des Spinats: In einem Topf bei mittlerer Hitze das Kokosöl schmelzen.

4. Spinat und Salz hinzufügen. 3 bis 4 Minuten dünsten lassen, oder bis der Spinat zusammenfällt. Den Spinat über die Blumenkohl-Polenta verteilen.

5. Zubereitung der Garnelen: In einer mittelgroßen Schüssel Knoblauchpulver, Zwiebelpulver, Salz, Thymian, Oregano und Kurkuma mischen.

6. Die Garnelen hinzufügen und großzügig mit der Mischung panieren.

7. In einer großen, tiefen Pfanne bei mittlerer Hitze das Kokosöl schmelzen.

8. In zwei oder drei Portionen arbeiten, um die Pfanne nicht zu überladen: Die panierten Garnelen hineingeben und auf jeder Seite etwa 2 Minuten oder bis sie rosa werden braten. Die Garnelen auf die Polenta und den Spinat legen. Mit Zitronensaft beträufeln und zum Servieren mit Petersilie garnieren.

MEERESFRÜCHTE-UND-PROSCIUTTO-PAELLA

Paella ist ein spanisches Gericht, das oft mit verschiedenen Arten von Meeresfrüchten, Safran, Paprika und weißem Reis zubereitet wird, der unten einen knusprigen Boden bildet. Diese Version ist ohne Nachtschattengewächse, aber mit knusprigem Prosciutto, der dem Ganzen einen rauchigen Geschmack verleiht. Es ist ein erstaunliches Gericht, das Gäste beeindruckt und Heißhunger nach Meeresfrüchten stillt.

VORBEREITUNGSZEIT 15 min **ZUBEREITUNGSZEIT** 25 min
ERGIBT 4 Portionen

- 2 Esslöffel (30 ml) Avocadoöl
- ½ Zwiebel, gewürfelt
- 3 Knoblauchzehen, gehackt
- 4 Scheiben Prosciutto, grob gehackt
- 1 großer Kopf Blumenkohl, auf Reisgröße zerkleinert
- 1 Teelöffel getrockneter Oregano
- ¾ Teelöffel Meersalz, plus etwas mehr nach Bedarf
- ½ Teelöffel Safranfäden
- 225 g mittelgroße Garnelen, geschält und entdarmt
- 225 g Muscheln, gewaschen und Bart entfernt
- 6 bis 8 Calamari-Tuben, in Ringe geschnitten
- 1 Esslöffel frische gehackte Petersilie
- 1 Zitrone, geviertelt

1. In einer großen Kasserole bei mittlerer Hitze das Avocadoöl erhitzen.

2. Zwiebel und Knoblauch dazugeben und 5 bis 6 Minuten oder bis die Zwiebel glasig ist anbraten.

3. Den Prosciutto hinzufügen und 1 bis 2 Minuten oder bis er knusprig ist anbraten. Mit einer Zange den Prosciutto herausnehmen.

4. Den Blumenkohlreis, den Oregano, das Salz und die Safranfäden in die Kasserole geben. 5 bis 7 Minuten oder bis der Blumenkohl gar und leicht knusprig ist sautieren.

5. Die Garnelen, Muscheln und Tintenfischringe auf dem Blumenkohl anordnen und bereits geöffnete Muscheln entsorgen. Die Hitze auf mittlere bis niedrige Stufe reduzieren und alles in der zugedeckten Pfanne 8 bis 10 Minuten garen lassen. Die Muscheln sollten sich öffnen und die Garnelen rosa sein. Alle nicht geöffneten Muscheln entsorgen.

6. Mit Petersilie garnieren und mit den Zitronenvierteln zum Auspressen sowie zusätzlichem Salz, falls gewünscht, servieren.

THUNFISCH-ZOODLE-AUFLAUF

Der übliche Thunfisch-Nudelauflauf wird aus Dosensuppe, Milch, Erbsen, massenweise Butter, Eiernudeln und Semmelbrösel zubereitet. Aber das hier ist eben kein gewöhnlicher Thunfisch-Nudelauflauf! Er wird für eine gemüsehaltige Mahlzeit mit spiralförmig geschnittenen Zucchini zubereitet, die genau wie Eiernudeln aussehen.

VORBEREITUNGSZEIT 15 min   **ZUBEREITUNGSZEIT** 30 min
ERGIBT 5 bis 6 Portionen

1 Esslöffel plus 1 Teelöffel Kokosöl (20 g), in 2 Portionen

1 mittelgroße weiße Zwiebel, gewürfelt

1 Knoblauchzehe, gehackt

1 Stange Sellerie, klein geschnitten

480 ml Kokosmilch

1 Esslöffel plus 2 Teelöffel (10 g) Pfeilwurzelstärke

3 mittelgroße Zucchini, Enden abgeschnitten, in Spiralen geschnitten

2 Dosen (oder 140 g) Thunfisch

¾ Teelöffel Meersalz

1 Esslöffel frische gehackte Petersilie

1. Den Ofen auf 180 °C vorheizen und eine Auflaufform mit 1 Teelöffel Kokosöl leicht einfetten. Beiseitestellen.

2. In einer Kasserole bei mittlerer Hitze den restlichen 1 Esslöffel Kokosöl erhitzen.

3. Zwiebel, Knoblauch und Sellerie hinzufügen und 5 bis 6 Minuten oder bis die Zwiebel glasig und der Sellerie etwas weich sind, dünsten. Vom Herd nehmen.

4. In einer mittelgroßen Schüssel die Kokosmilch mit der Pfeilwurzelstärke verquirlen, bis die Mischung dickflüssig wird.

5. In der vorbereiteten Auflaufform das gedünstete Gemüse, die Zucchini-Nudeln, den Thunfisch, die Kokosmischung und das Salz miteinander vermischen. Rühren, bis alles gut vermischt ist. 15 bis 20 Minuten oder bis die Zucchini weich werden backen. Mit der Petersilie garnieren und servieren.

SÜSSKARTOFFEL-GNOCCHI MIT SAHNESOSSE

Gnocchi sind ein italienisches Gericht, das traditionell aus Kartoffeln und Mehl zubereitet wird. Mit Süßkartoffeln lässt es sich leicht in ein AIP-freundliches Gericht umwandeln und ist das perfekte Pasta-Gericht, wenn es etwas vornehmer zugehen soll.

VORBEREITUNGSZEIT 20 min   **ZUBEREITUNGSZEIT** 40 min   **ERGIBT** 2 Portionen

FÜR DIE SAHNESOSSE

- 1 Esslöffel (15 ml) Olivenöl
- 2 Knoblauchzehen, gehackt
- ½ mittelgroße weiße Zwiebel, gewürfelt
- 100 g gedämpfter Blumenkohl, zerkleinert
- 120 ml Kokosmilch
- ¼ Teelöffel Meersalz

FÜR DIE GNOCCHI

- 110 g Süßkartoffel, geschält und grob geschnitten
- 50 g Maniokmehl
- 30 g Tapiokastärke, plus etwas mehr zum Bestäuben
- 6 Esslöffel (60 ml) Olivenöl, in 2 Portionen
- 1 Teelöffel Meersalz
- 70 g gehackter Grünkohl

1. Zubereitung der Sahnesoße: Das Olivenöl in einer mittelgroßen Kasserole bei geringer Hitze erhitzen.
2. Knoblauch und Zwiebel hinzugeben und 5 bis 6 Minuten oder bis die Zwiebel glasig wird dünsten. In einen Hochleistungsmixer geben.
3. Die restlichen Soßenzutaten in den Mixer geben und glatt rühren. Beiseitestellen.
4. Zubereitung der Gnocchi: Die Süßkartoffel in einen mittelgroßen Topf geben und mit genügend Wasser bedecken. Auf mittlerer Hitze zum Kochen bringen und weitere 10 bis 12 Minuten oder bis die Süßkartoffel gabelzart ist kochen. Das Wasser abgießen und die Süßkartoffel mit einer Gabel zerdrücken. Zum Abkühlen beiseitestellen.
5. In einer großen Schüssel das abgekühlte Süßkartoffelpüree, Maniokmehl, Tapiokastärke, 1 Esslöffel (15 ml) Olivenöl und Salz mischen. Kneten, bis ein Teig entsteht.
6. Eine saubere Oberfläche leicht mit Tapiokastärke bestäuben. Den Teig auf die Arbeitsfläche geben. In zwei Hälften teilen und jedes Stück zu einer 15 bis 20 cm langen Rolle formen. Die Rollen mit einem scharfen Messer in kleine zylindrische Gnocchi-Stücke von etwa 2,5 cm Länge schneiden.
7. Einen mittelgroßen Topf zu etwa zwei Dritteln mit Wasser füllen und 1 Esslöffel (25 ml) Olivenöl und das Salz hineingeben. Die Herdplatte auf große Hitze und das Wasser zum Kochen bringen. Die Gnocchi hinzufügen und kochen, bis sie oben schwimmen. Die Gnocchi vorsichtig in einem Sieb abgießen. Mit 1 Esslöffel (15 ml) Olivenöl beträufeln, damit sie nicht zusammenkleben. Abkühlen lassen.
8. In einer mittelgroßen Pfanne bei mittlerer bis niedriger Hitze die restlichen 1 Esslöffel (15 ml) Olivenöl erhitzen.
9. Den Grünkohl hinzugeben und umrühren, bis er zusammenfällt.
10. Gnocchi dazugeben und anbraten, bis sie leicht gebräunt sind. Die Soße unterrühren und warm servieren.

PIZZA MARGHERITA

Als gebürtige New Yorkerin mit italienischer Abstammung und selbsternannte Pizza-Enthusiastin fühle ich mich voll und ganz qualifiziert zu sagen, dass dies das einzig Wahre ist. Die Kruste verhält sich wie die traditionelle Pizzakruste, und der »Käse« lässt sich leicht so formen, dass er wie echter Mozzarella aussieht. Das ist wahre *amore*!

VORBEREITUNGSZEIT 20 min   **ZUBEREITUNGSZEIT** 40 min
ERGIBT 6 bis 8 Portionen

FÜR DEN »KÄSE«

100 g Blumenkohl, gedämpft

1 Teelöffel Apfelessig

2 Esslöffel (30 ml) Olivenöl

1 Esslöffel Gelatine

1 Esslöffel Hefeflocken

1 Esslöffel Tapiokastärke

¼ Teelöffel Meersalz

FÜR DIE PIZZA

2 Esslöffel und 1 Teelöffel (35 ml) Olivenöl

200 g Blumenkohl, auf Reisgröße zerkleinert

70 g Pfeilwurzelstärke

30 g Kokosmehl

1 Esslöffel Hefeflocken

¼ Teelöffel Backnatron

¼ Teelöffel Meersalz

1 Teelöffel Apfelessig

1 Gelatine-Ei (Seite 20)

190 bis 250 g nachtschattenfreie »Tomaten«-Soße (Seite 25)

Zusätzlicher Belag, z. B. geschnittene schwarze Oliven, rote Zwiebel, gekochtes Hähnchen, gebratenes Hackfleisch, Prosciutto (optional)

Frische Basilikumblätter zur Garnierung

1. Eine große Platte oder ein Schneidebrett mit Backpapier auslegen und beiseitestellen.

2. Zubereitung des »Käses«: Einen Nussmilchbeutel, ein Seihtuch oder ein Papierhandtuch verwenden, um einen Teil des überschüssigen Wassers aus dem gedämpften Blumenkohl abzuseihen. Ein Teil der Feuchtigkeit soll im Blumenkohl zurückbleiben. Den Blumenkohl in eine Küchenmaschine geben.

3. Die restlichen »Käse«-Zutaten hinzufügen und glatt rühren. Die Käsemischung auf der vorbereiteten Platte zu einer flachen, etwa 1 cm dicken Schicht verstreichen. Zum Aushärten 15 bis 20 Minuten tiefkühlen.

4. Aus dem Tiefkühler nehmen und mit einer kleinen kreisförmigen Form (ein Messlöffel funktioniert perfekt, aber eine kleine Keksausstechform oder sogar ein glatter Flaschenverschluss eignen sich) kleine kreisförmige Käsestücke formen. In den Kühlschrank stellen.

5. Zubereitung der Pizza: Den Ofen auf 190 °C vorheizen. Ein Backblech mit Backpapier auslegen und mit 1 Teelöffel Olivenöl bestreichen.

6. In einem mittleren Topf den Blumenkohlreis mit genügend Wasser bedecken, alles auf mittlerer Hitze langsam zum Kochen bringen. Den Blumenkohl zugedeckt ca. 7 Minuten dämpfen, oder bis er weich ist. Das überschüssige Wasser aus dem Topf abgießen und den Blumenkohl in einem Seihtuch oder Nussmilchbeutel abtropfen lassen. Der Blumenkohl soll vollständig abgetropft sein und kein überschüssiges Wasser enthalten.

7. Die trockenen Zutaten in einer großen Schüssel mischen.

8. Den Blumenkohlreis unterheben.

9. Die restlichen 2 Esslöffel (30 ml) Olivenöl und den Essig untermischen.

10. Das Gelatine-Ei zubereiten, zur Blumenkohlmischung geben und verrühren, bis ein Teig entsteht. Den Teig auf das vorbereitete Backblech drücken und zu einem dünnen Kreis mit einem Durchmesser von 23 bis 25 cm formen. 15 bis 18 Minuten oder bis die äußere Kruste leicht knusprig ist backen.

11. Die Kruste mit der »Tomaten«-Soße bestreichen und die Blumenkohl-Käse-Kreise in einem gleichmäßigen Muster anordnen. Den gewünschten Belag (falls verwendet) hinzufügen und für 5 bis 7 Minuten oder bis der Belag heiß ist in den Ofen zurückstellen.

12. Vor dem Schneiden mit einem Pizzaschneider etwas abkühlen lassen, dann in 6 bis 8 Stücke teilen. Mit dem Basilikum garnieren.

KAPITEL 7

FEIERTAGSLIEBLINGE

Die Feiertage sind die Zeit des Jahres, um sich einfach zurückzulehnen, zu entspannen und Familie, Freunde und sich selbst zu verwöhnen. Sie möchten nicht auf all die Leckereien, die Sie lieben, verzichten müssen, aber Sie wollen auch nicht Ihre Feiertage mit Essen ruinieren, das Sie krank macht. Es ist ein empfindliches Gleichgewicht, das in einer ohnehin schon stressigen Jahreszeit oft zu noch mehr Stress führen kann. Am Tag nach Thanksgiving begann ich zum ersten Mal meine Ernährung umzustellen, und der Rest der Feiertage machte mir schon damals Angst. So muss es nicht sein. Sie können ruhig Ihre Lebkuchenplätzchen essen! Diese Feiertagslieblingsgerichte sind so gut, dass Sie sie selbstverständlich Ihren Liebsten servieren können, und sie werden nicht mal merken, dass alles AIP-konform ist!

← Lebkuchenplätzchen, Seite 163

ORANGEN-CRANBERRY-SOSSE

Ich bin mit Cranberry-Soße aus der Dose aufgewachsen. Mein Vater liebte sie, und meine Mutter tischte sie an Thanksgiving *auch* in dieser Dose auf. Heute gehört sie nicht mehr zu meinen Favoriten. Diese einfache Cranberry-Soße wird ohne raffinierten Zucker hergestellt und hat viel mehr Geschmack als das Zeug aus der Dose! Sie ist säuerlich, süß und leicht zuzubereiten.

VORBEREITUNGSZEIT 5 min **ZUBEREITUNGSZEIT** 25 min
ERGIBT 3 bis 4 Portionen

300 g frische Cranberrys

180 ml frischen Orangensaft

110 g Ahornsirup

1 Teelöffel Zimt

Zeste einer ½ Orange, in 2 Portionen

1. In einem mittelgroßen Topf bei mittlerer Hitze alle Zutaten kombinieren und dabei einen Teil der Orangenzeste für die Garnierung zurückhalten. Zum Kochen bringen und 6 bis 8 Minuten köcheln lassen, bis die Cranberrys zu platzen beginnen. Unter gelegentlichem Rühren noch 8 bis 10 Minuten weiter köcheln lassen, um die Flüssigkeit zu reduzieren und bis die meisten Cranberrys geplatzt sind.

2. Vom Herd nehmen und zum Abkühlen beiseitestellen. Im Kühlschrank ganz auskühlen lassen. Mit der restlichen Orangenzeste garniert servieren.

BLUMENKOHLFÜLLUNG

Ein Thanksgiving-Festmahl ohne Füllung ist schwer vorstellbar. Diese Blumenkohlfüllung enthält alle klassischen Aromen, die Sie kennen und lieben, ist aber wesentlich nahrhafter.

VORBEREITUNGSZEIT 5 min **ZUBEREITUNGSZEIT** 30 min
ERGIBT 4 Portionen

2 Esslöffel (30 ml) Avocadoöl

1 mittelgroße gelbe Zwiebel, gewürfelt

70 g gewürfelte Champignons

100 g Sellerie, klein geschnitten

400 g Blumenkohlröschen

¾ Teelöffel Meersalz, mehr nach Bedarf

1 Esslöffel frische Rosmarinnadeln, gehackt

3 Thymianzweige, Blättchen abgezupft

2 Esslöffel frische gehackte Petersilie

120 ml Hühnerknochenbrühe (Seite 19)

1. In einer großen tiefen Kasserole bei mittlerer Hitze das Avocadoöl erhitzen.

2. Die Zwiebel hinzugeben und 5 bis 6 Minuten lang anbraten, oder bis sie leicht glasig wird.

3. Die Champignons, den Sellerie und Blumenkohl dazugeben und für 6 bis 7 Minuten oder bis das Gemüse gerade gabelzart ist dünsten.

4. Salz, Rosmarin, Thymianblättchen, Petersilie und Knochenbrühe einrühren. Kasserole zudecken, Hitze auf mittel bis niedrig reduzieren und 10 Minuten oder bis die Brühe stark reduziert ist simmern lassen. Abschmecken und servieren.

CHAMPIGNONSOSSE

Wollen Sie mehr Gemüse auf Ihren Festtagstisch schmuggeln? Diese nährstoffhaltige Champignonsoße ist genau das Richtige!

VORBEREITUNGSZEIT 10 min   **ZUBEREITUNGSZEIT** 25 min
ERGIBT 3 bis 4 Portionen

2 Esslöffel Rindertalg

1 mittelgroße weiße Zwiebel, gewürfelt

1 Knoblauchzehe, gehackt

210 geschnittene Portobello-Champignons

360 ml Hühnerknochenbrühe (Seite 19)

¼ Teelöffel Meersalz, mehr nach Bedarf

2 Teelöffel frische Thymianblättchen, gehackt

2 bis 3 Teelöffel Pfeilwurzelstärke

1. In einem Topf mittlerer Größe bei mittlerer Hitze den Rindertalg schmelzen lassen.

2. Zwiebel und Knoblauch hinzufügen und 4 bis 5 Minuten oder bis die Zwiebel glasig wird dünsten.

3. Die Champignons hinzufügen und 4 bis 5 Minuten oder bis sie gerade weich werden sautieren.

4. Knochenbrühe, Salz und Thymian unterrühren. Auf kleiner Flamme 5 bis 10 Minuten oder bis die Champignons gabelzart sind köcheln lassen. Vom Herd nehmen.

5. Die Soße vor dem Pürieren mit einem Stab- oder Standardmixer etwas abkühlen lassen.

6. Topf wieder auf mittlere Hitze bringen (und die Soße hinzufügen, falls Sie einen normalen Mixer verwendet haben). Die Pfeilwurzelstärke mit dem Schneebesen einrühren. Unter Rühren kochen, bis die Soße die gewünschte Dicke erreicht hat. Abschmecken und servieren.

GERÖSTETES PASTINAKENPÜREE

Vermissen Sie die Stampfkartoffeln an den Feiertagen? Hier kommt die Lösung. Pastinaken eignen sich als fantastischer Ersatz für Kartoffeln, denn sie haben eine ähnliche Textur und bringen Abwechslung auf den Tisch, wenn Sie nicht nur Süßkartoffeln servieren möchten. Sie können die Pastinaken auch einfach nur kochen, um ein Püree herzustellen, aber sie zu rösten holt noch wesentlich mehr Geschmack und Textur aus ihnen heraus.

VORBEREITUNGSZEIT 10 min **ZUBEREITUNGSZEIT** 25 min
ERGIBT 3 bis 4 Portionen

440 g geschälte und klein geschnittene Pastinaken

2 Knoblauchzehen, geschält und zerstoßen

4 Esslöffel (60 ml) Avocadoöl, in 2 Portionen

2 Thymianzweige, Blättchen abgezupft

2 Esslöffel frische Rosmarinnadeln, gehackt

¾ Teelöffel Meersalz, plus etwas mehr nach Bedarf

240 ml Kokosmilch

1. Den Ofen auf 200 °C vorheizen und ein Backblech mit Backpapier auslegen.

2. Pastinaken und Knoblauch auf das vorbereitete Backblech legen. 2 Esslöffel (30 ml) Avocadoöl zugeben und unter Rühren gleichmäßig verteilen. Pastinaken mit Thymian, Rosmarin und Salz bestreuen. 25 Minuten backen oder bis sie gabelzart und leicht knusprig sind.

3. Vor dem Umfüllen in eine Küchenmaschine etwas abkühlen lassen.

4. Die restlichen 2 Esslöffel (30 ml) Avocadoöl und die Kokosmilch hinzufügen. Pürieren, bis die Mischung glatt ist und keine großen Stücke mehr übrig sind. Abschmecken und servieren.

SÜSSKARTOFFEL-LATKES

Ohne Latkes fühlt es sich einfach nicht wie Hanukkah an! Ich bin in einem halb jüdischen, halb katholischen Elternhaus aufgewachsen, und ich liebe es, wenn meine Mutter Latkes zubereitete. Latkes werden traditionell mit Kartoffeln gemacht, aber Süßkartoffeln sind eine gesündere und süßere Alternative. Ich verwende, wenn möglich, gerne weiße Hannah-Süßkartoffeln, aber orangefarbene Süßkartoffeln funktionieren auch.

VORBEREITUNGSZEIT 15 min **ZUBEREITUNGSZEIT** 25 min
ERGIBT 3 bis 4 Portionen

- 300 g geraspelte Süßkartoffel (s. Hinweis)
- ½ weiße Zwiebel, fein gewürfelt
- 30 g Kokosmehl
- 30 g Tapiokastärke
- ½ Teelöffel Meersalz
- 85 g Kokosöl, plus etwas mehr nach Bedarf
- Kokos-Joghurt (Seite 31) zum Servieren
- Apfelmus zum Servieren

1. Einen Teller mit Papiertüchern auslegen und beiseitestellen.

2. In einer großen Schüssel Süßkartoffel, Zwiebel, Kokosnussmehl, Tapiokastärke, Salz und 2 Esslöffel Kokosnussöl gründlich mischen.

3. In einer großen, tiefen Pfanne bei mittlerer Hitze die restlichen 55 g Kokosöl erhitzen.

4. Aus der Süßkartoffelmischung handflächengroße flache Fladen formen. Die Latkes sollen 0,6 bis 0,8 cm dick sein und etwa 4 bis 5 Stück ergeben.

5. Die Latkes einzeln oder zu zweit vorsichtig in das heiße Öl gleiten lassen. Auf jeder Seite 3 bis 4 Minuten braten, bis sie goldbraun sind, dabei vorsichtig mit einem Pfannenwender umdrehen. Die gebratenen Latkes auf die vorbereitete Platte geben. Den Vorgang mit den restlichen Latkes wiederholen und bei Bedarf weiteres Öl hinzufügen.

6. Mit Kokos-Joghurt und Apfelmus als Beilagen servieren.

HINWEIS

Ich finde es am besten, die Süßkartoffel mit einer Kastenreibe zu reiben, um die klassische Latkes-Optik und -Textur zu erhalten.

MAISBROT MIT BACON UND SCHNITTLAUCH

»Mais«-Brot ist etwas irreführend, wenn kein Mais im Rezept verwendet wird. Aber das hier schmeckt wirklich wie echtes Maisbrot! Mit der klassischen Textur von Maisbrot und einigen schmackhaften Zutaten wie Bacon und Schnittlauch ist dies eine erstaunliche Ergänzung für Ihren Festtagstisch oder die perfekte Beilage zu Butternuss-Bison-Chili (Seite 71).

VORBEREITUNGSZEIT 25 min   **ZUBEREITUNGSZEIT** 20 min
ERGIBT 9 Portionen

Kokosöl zum Einfetten der Pfanne

110 g Kokosmehl

50 g Pfeilwurzelstärke

½ Teelöffel Backnatron

3 gebratene Baconstreifen, klein geschnitten und trocken getupft

1 Esslöffel frischer gehackter Schnittlauch

¼ Teelöffel Meersalz

3 Esslöffel Palmfett

2 Esslöffel (40 g) Honig, plus etwas mehr zum Servieren

120 ml Kokosmilch

1 Teelöffel Apfelessig

3 Gelatine-Eier (Seite 20, s. Hinweis)

1. Den Ofen auf 180 °C vorheizen. Eine 20 × 20 cm große Backform mit Backpapier auslegen und leicht mit Kokosnussöl bestreichen. Beiseitestellen.

2. In einer großen Schüssel Kokosmehl, Pfeilwurzelstärke, Backnatron, Bacon, Schnittlauch und Salz verrühren.

3. Das Palmfett und den Honig hinzugeben und gut verrühren.

4. In einer mittelgroßen Schüssel Kokosmilch und Essig verrühren. Die Mischung in den Maisbrotteig gießen und verrühren.

5. Die Gelatine-Eier zubereiten, in den Teig geben und unter Rühren vermengen. Den Teig in die vorbereitete Backform löffeln und mit dem Löffelrücken oder Gummispatel gleichmäßig verteilen. Den Teig 20 Minuten lang oder bis die Oberseite leicht goldbraun ist backen.

6. Das Maisbrot mithilfe des Backpapiers vorsichtig aus der Form nehmen und auf ein Kuchengitter legen. Vor dem Aufschneiden vollständig abkühlen lassen. Das Brot muss fest werden, sonst wird es klebrig, wenn Sie es zu früh schneiden.

7. In neun Stücke teilen und mit Honig übergossen genießen.

> **HINWEIS**
>
> Für die drei Gelatine-Eier einfach das Rezept verdreifachen und alle auf einmal statt einzeln zubereiten. Sofort verwenden.

BRATHÄHNCHEN

Dieses Brathähnchen ist leicht zuzubereiten und sehr schmackhaft. Eine tolle Zugabe zu einem Festtagstisch oder eigentlich für jeden Tag des Jahres.

VORBEREITUNGSZEIT 10 min   **ZUBEREITUNGSZEIT** 1 Stunde
ERGIBT 3 bis 4 Portionen

1 (2,2 bis 2,8 kg) ganzes Hähnchen

1 Zitrone, halbiert

3 Esslöffel (45 ml) Avocadoöl

5 Knoblauchzehen, fein gehackt

2 Esslöffel frische Rosmarinnadeln, gehackt

2 Teelöffel frische Thymianblättchen, gehackt

½ Teelöffel Meersalz

1 mittelgroße Zwiebel, geviertelt

1. Den Ofen auf 200 °C vorheizen.

2. Das Hähnchen trocken tupfen und in einen großen Bräter setzen.

3. Den Saft einer Zitronenhälfte in eine kleine Schüssel pressen. Avocadoöl, Knoblauch, Rosmarin, Thymian und Salz hinzufügen und mit dem Schneebesen verrühren.

4. Die andere Hälfte der Zitrone vierteln und die Stücke zusammen mit der Zwiebel in den Bauch des Hähnchens legen.

5. Die Hähnchenhaut mit einem Messer vorsichtig vom Hähnchen lösen, ohne sie zu entfernen. 1 Esslöffel der Ölmischung unter der Haut verteilen. Den Rest der Ölmischung über das Hähnchen gießen und großzügig mit den Händen darauf verteilen. 1 Stunde oder bis die Temperatur eines Fleischthermometers, das man in den Schenkel sticht, 74 °C erreicht hat, braten.

6. Das Hähnchen 15 bis 20 Minuten ruhen lassen. Zwiebel und Zitrone vor dem Aufschneiden und Servieren aus dem Inneren entfernen.

LEBKUCHENPLÄTZCHEN

Schaffen Sie mit diesen süßen kleinen Lebkuchenplätzchen erstaunliche Erinnerungen und feine Leckereien zugleich! Es macht Spaß, diese Kekse mit Ihren Lieben zu backen und zu dekorieren, aber noch mehr Spaß, sie zu essen. Sie sind wirklich bezaubernd mit ihren Augen aus Zuckerguss und Knöpfen aus Granatapfelkernen, aber Sie können mit weiteren Verzierungen und Dekorationen gern kreativ werden.

VORBEREITUNGSZEIT 25 min **ZUBEREITUNGSZEIT** 12 min
ERGIBT 5 bis 6 Portionen

FÜR DIE PLÄTZCHEN

Kokosöl zum Einfetten des Backblechs

90 g Tapiokastärke

60 g Erdmandelmehl

1 Esslöffel Gelatine

½ Teelöffel Backnatron

1 Teelöffel gemahlener Ingwer

½ Teelöffel gemahlener Zimt

70 g Palmfett

3 Esslöffel (60 g) Ahornsirup

2 Esslöffel (40 g) Melasse

½ Teelöffel Vanilleextrakt

FÜR DEN ZUCKERGUSS UND DIE VERZIERUNG

50 g Palmfett

1 Esslöffel (20 g) heller Honig

1 bis 2 Esslöffel Granatapfelkerne

1. Zubereitung der Plätzchen: Den Ofen auf 180 °C vorheizen. Ein Backblech mit Backpapier auslegen und es leicht mit Kokosnussöl einfetten. Beiseitestellen.

2. Die trockenen Zutaten in einer großen Schüssel mischen.

3. In einer mittelgroßen Schüssel das Palmfett, den Ahornsirup und die Melasse vermischen. Die feuchte Mischung zu den trockenen Zutaten hinzufügen. Den Vanilleextrakt einrühren und alles gut vermischen, bis ein homogener Teig entsteht. Den Teig auf ein Backblech oder ein sauberes Stück Backpapier geben.

4. Mit jeweils ca. 65 g Teig arbeiten und diesen auf eine Dicke von etwa 0,6 cm ausrollen. Den Teig mit einem Lebkuchenausstecher ausstechen und mit den Fingern den überschüssigen Teig um den Ausstecher herum wegziehen. Den überschüssigen Teig in die Schüssel zurücklegen. Die geformten Lebkuchenplätzchen auf das vorbereitete Backblech setzen. Den Vorgang mit dem restlichen Teig wiederholen und die Plätzchen gleichmäßig auf dem Backblech verteilen. Die Teigmenge sollte fünf bis sechs Kekse ergeben. 10 bis 12 Minuten oder bis die Kekse hell goldbraun sind, backen.

5. Vorsichtig auf ein Kuchengitter legen und vor dem Dekorieren vollständig abkühlen lassen.

6. Zubereitung des Zuckergusses und der Dekorationen: In einer mittelgroßen Schüssel das Palmfett und den Honig vermischen und in einen Spritzbeutel füllen. Augen und andere Elemente auf die Lebkuchenleute spritzen und Granatapfelkerne als Knöpfe verwenden. Guten Appetit!

CRANBERRY-CHEESECAKE-RIEGEL

Käsekuchen ohne Käse? Ja! Diese Cranberry-Cheesecake-Riegel sind cremig, säuerlich und perfekt für ein wunderschönes Dessert an Weihnachten.

VORBEREITUNGSZEIT 3 Stunden, 10 min **ZUBEREITUNGSZEIT** 10 min
ERGIBT 9 Portionen

FÜR DEN TEIGBODEN

10 entsteinte Datteln

80 g ungesüßte Kokosflocken

1 Esslöffel Kokosöl

FÜR DIE FÜLLUNG

360 g Kokoscreme

2 Esslöffel Kokosöl

80 g Honig

1 Esslöffel frischer Orangensaft

Zeste einer halben Orange

⅛ Teelöffel Meersalz

1 Esslöffel Gelatine

FÜR DEN CRANBERRY-BELAG

200 g ganze Cranberrys

80 ml frischer Orangensaft

80 g Ahornsirup

Zeste einer halben Orange

1. Zubereitung des Teigbodens: Den Boden einer Backform mit 20 x 20 cm mit Backpapier auslegen und beiseitestellen.

2. Wenn die Datteln hart sind, in genügend warmem Wasser einweichen. Abtropfen lassen. Die Datteln in einer Küchenmaschine pürieren. Kokosnuss und das Kokosöl hinzugeben und verrühren, bis alles vollständig vermischt ist. Die Teigmischung gleichmäßig auf den Boden der vorbereiteten Backform drücken und beiseitestellen.

3. Zubereitung der Füllung: Die Kokoscreme, das Kokosöl und den Honig in einem mittleren Topf bei niedriger Hitze verrühren. Unter Rühren köcheln, bis die Mischung schmilzt und vollständig homogen ist. Vom Herd nehmen und den Orangensaft, die Zeste und das Salz einrühren.

4. Die Gelatine in den Topf geben und rühren, bis alles vollständig verbunden und geschmolzen ist.

5. Die Füllung in die vorbereitete Backform über den Teigboden gießen und 3 bis 4 Stunden oder über Nacht im Kühlschrank aushärten lassen.

6. Zubereitung des Cranberry-Belags: In einem kleinen Kochtopf bei mittlerer Hitze die Zutaten für den Cranberry-Belag miteinander vermengen. Auf kleiner Flamme zum Kochen bringen. Etwa 8 Minuten unter Rühren kochen lassen, bis der Großteil der Cranberrys aufgeplatzt ist und die Soße eindickt und weiter eingekocht ist. Vom Herd nehmen und abkühlen lassen.

7. Den Teigboden mit der Füllung aus dem Kühlschrank nehmen, in neun Riegel schneiden und jeweils mit Cranberry-Topping bestreichen.

KAPITEL 8

DESSERTS UND GETRÄNKE

Wenn Sie meinen, dass Sie keine leckeren Backwaren, Desserts oder Getränke genießen dürfen, wenn Sie mit dem Autoimmunprotokoll beginnen, dann irren Sie sich! In diesem Kapitel präsentiere ich Ihnen all diese Leckereien. Freuen Sie sich also auf Scones, Kekse, Muffins, Brownies, Gummis, Sangria und mehr. Denken Sie daran, dass der Kern des Autoimmunprotokolls heilende, nährstoffreiche Nahrung ist. Aber das Leben geht dennoch weiter und manchmal braucht man einfach einen Cupcake zum Geburtstag. Mäßigung heißt die Devise, aber das heißt noch lange nicht, dass Sie ganz auf Desserts & Co. verzichten müssen.

← »Schokoladen«-Geburtstags-Muffins mit Granatapfel-Zuckerguss, Seite 176

COFFEE-SHOP-KÜRBIS-SCONES

Holen Sie Ihr Flanellhemd, den kuscheligen Schal und Ihre warmen Stiefel heraus! Diese Kürbis-Scones sind die perfekte Kopie derjenigen, die als saisonalen Leckerbissen in einem örtlichen Café oder Coffee-Shop angeboten werden. Sie eignen sich perfekt für einen Leckerbissen nach der Kürbisernte, als Teil eines zünftigen Herbstbrunchs oder für eine Halloween-Party.

VORBEREITUNGSZEIT 15 min   **ZUBEREITUNGSZEIT** 25 min
ERGIBT 6 Scones

- 60 g Kokosöl, plus etwas mehr zum Einfetten des Backblechs
- 150 g Erdmandelmehl
- 3 Esslöffel (20 g) Kokosmehl
- 30 g Tapiokastärke
- 1 Teelöffel gemahlener Zimt, plus etwas mehr für die Garnierung
- ¼ Teelöffel Backnatron
- 80 g Ahornsirup
- 3 Esslöffel (45 g) Kürbispüree
- 1 Gelatine-Ei (Seite 20)
- 2 Esslöffel (30 g) Kokosbutter, geschmolzen (s. Hinweis)
- 1 Esslöffel Kokosöl, geschmolzen
- 1 Teelöffel Honig

1. Den Ofen auf 180 °C vorheizen. Ein Backblech mit Backpapier auslegen und leicht mit Kokosnussöl einfetten.

2. In eine mittelgroße Schüssel Erdmandel- und Kokosmehl, Tapiokastärke, Zimt und Backnatron sieben.

3. Kokosöl, Ahornsirup und Kürbispüree einrühren.

4. Das Gelatine-Ei zubereiten und zum Teig geben. Gut verrühren und zu einer Teigkugel formen. Teig auf ein Schneidebrett legen und zu einem großen, etwa 2,5 cm dicken Kreis flach drücken. Mit einem Pizzaschneider oder Messer in sechs dreieckige Scones schneiden und diese auf das vorbereitete Backblech legen. 20 bis 25 Minuten oder bis sie gar sind backen.

5. Zum vollständigen Abkühlen auf ein Kuchengitter legen.

6. In einer kleinen Schüssel die geschmolzene Kokosbutter, das Kokosöl und den Honig verquirlen. Den Zuckerguss über die Scones träufeln und mit Zimt bestreuen.

HINWEIS

Kokosbutter wird am besten im Wasserbad geschmolzen (siehe Glasierte »Schokoladen«-Doughnut-Holes, Seite 171).

Ist die Glasur zu dickflüssig, fügen Sie mehr Kokosöl hinzu.

GLASIERTE »SCHOKOLADEN«-DOUGHNUT-HOLES

Als Kind holte ich mir am allerliebsten glasierte Schokoladen-Doughnut-Holes von unserem örtlichen Doughnut-Laden. Als ich mich später glutenfrei ernährte, suchte ich ständig nach einem perfekten Ersatz. Dieses Rezept kommt dem Original am nächsten! Das Gebäck ist kuchenartig, der Teig hält zusammen, und es ist so einfach zuzubereiten!

VORBEREITUNGSZEIT 15 min   **ZUBEREITUNGSZEIT** 12 min
ERGIBT 8 bis 9 Doughnut Holes

- 40 g Erdmandelmehl
- 30 g Kokosmehl
- 30 g Tapiokastärke
- 2 Esslöffel Carobpulver
- 1 Esslöffel Gelatine
- ¼ Teelöffel Backnatron
- 80 g Ahornsirup
- 70 g Palmfett
- 3 Esslöffel Kokosbutter
- 55 g Kokosöl
- 2 Teelöffel heller Honig

HINWEIS

Die beste Methode, Kokosbutter zu schmelzen, ist das hier beschriebene Wasserbad. Vermeiden Sie die Mikrowelle, da die Kokosbutter darin verbrennen würde.

---

1. Den Ofen auf 180 °C vorheizen und ein Backblech mit Backpapier auslegen. Beiseitestellen.

2. In einer mittelgroßen Schüssel Erdmandel- und Kokosmehl, Tapiokastärke, Carobpulver, Gelatine und Backnatron vollständig mischen.

3. Den Ahornsirup dazugeben und leicht untermischen. Das Palmfett einarbeiten, bis die Masse cremig ist. Den Teig zu acht oder neun Doughnut Holes, also kleinen Krapfen, formen und diese auf das vorbereitete Backblech legen. 10 bis 12 Minuten oder bis die Holes an der Außenseite fest sind backen. Herausnehmen und abkühlen lassen.

4. Für das Wasserbad einen halb mit Wasser gefüllten mittelgroßen Topf auf kleiner Flamme erhitzen und das Wasser zum Kochen bringen. Eine Rührschüssel aus Metall in den Topf hängen. Die Kokosbutter und das Kokosöl in die Schüssel geben und langsam unter häufigem Rühren schmelzen lassen. Sobald alles vollständig geschmolzen ist, mit einem Topflappen vom Herd nehmen.

5. Den Honig gut unterrühren.

6. Die Doughnut Holes mehrmals in die Glasur tauchen, bis sie vollständig überzogen sind, und auf eine Platte legen. 15 bis 20 Minuten in den Kühlschrank stellen, damit die Glasur aushärtet.

Dekadente Desserts und Getränke

»SCHOKOLADEN«-KEKSE

Ohne Chocolate Chip Cookies wäre dieses Kochbuch nicht vollständig. Für mein absolutes Lieblingsdessert habe ich Stunden damit verbracht, den leckersten AIP-kompatiblen Keks zu perfektionieren. Das ist er! Da während der AIP-Eliminationsphase keine Schokolade erlaubt ist, werden diese Kekse mit selbst gemachten Carob-Chips zubereitet.

VORBEREITUNGSZEIT 10 min   **ZUBEREITUNGSZEIT** 40 min   **ERGIBT** 9 bis 10 Kekse

FÜR DIE CAROB-CHIPS
170 g Kokosbutter
60 g Kokosöl
25 g Carobpulver
3 Esslöffel (60 g) Ahornsirup

FÜR DIE KEKSE
120 g Erdmandelmehl
30 g Tapiokastärke
1 Esslöffel Gelatine
⅛ Teelöffel Backnatron
⅛ Teelöffel Meersalz
80 g Ahornsirup
75 g Kokosöl
½ Teelöffel Vanilleextrakt
3 Esslöffel Carobstücke (Rezept nachfolgend)

> **HINWEIS**
>
> Es werden sicher Carobreste übrigbleiben. Bewahren Sie sie für etwa eine Woche im Kühlschrank auf oder frieren Sie sie etwa einen Monat lang ein. Verzehren können Sie sie als Snack oder Sie verwenden sie für die Minz-Chip-Brownies (Seite 175).

1. Zubereitung der Carob-Chips: Für das Wasserbad einen halb mit Wasser gefüllten mittelgroßen Topf aufsetzen und das Wasser auf kleiner Flamme zum Kochen bringen. Eine Rührschüssel aus Metall in den Topf hängen. Die Kokosbutter und das Kokosöl in die Schüssel geben und unter häufigem Rühren langsam schmelzen lassen. Sobald alles vollständig geschmolzen ist, die Schüssel mit einem Topfhandschuh vom Herd nehmen.

2. Das Carobpulver mit einem feinmaschigen Sieb in die Mischung sieben, um sicherzustellen, dass sich keine Klumpen bilden. Zum Mischen umrühren und dann den Ahornsirup einrühren, bis alles gut vermischt ist. Die Mischung in eine Form gießen. (Ich verwende einen kleinen, hitzebeständigen Glasbehälter, aber eine Silikonform funktioniert auch.) Etwas abkühlen lassen und dann für 20 bis 25 Minuten in den Gefrierschrank stellen. Das Carob in kleine Stücke hacken. Etwa 1 Stunde oder bis zur vollständigen Aushärtung in den Gefrierschrank zurückstellen.

3. Zubereitung der Kekse: Den Ofen auf 190 °C vorheizen und ein Backblech mit Backpapier auslegen. Beiseitestellen.

4. In eine mittelgroße Schüssel Erdmandelmehl, Tapiokastärke, Gelatine, Backnatron und Salz sieben.

5. Ahornsirup, Kokosöl und Vanille unterrühren, bis alles gut vermischt ist. Die Carobstücke unterheben. Den Teig in neun oder zehn Stücke teilen, jedes Stück zu einer Kugel rollen und in gleichmäßigen Abständen auf das vorbereitete Backblech legen. Jede Kugel mit der Handfläche leicht flach drücken und 10 bis 12 Minuten backen. Vor dem Genießen auf ein Kuchengitter legen und 15 bis 20 Minuten abkühlen lassen.

MINZ-CHIP-BROWNIES

Es geht nichts über den Duft und Geschmack von frischer Minze, besonders, wenn er in Kombination mit reichhaltigen Brownies und einem cremigen Zuckerguss daherkommt. Diese Brownies strotzen nur so vor Minzgeschmack und sind einfach nur ein leckerer herrlicher Genuss.

VORBEREITUNGSZEIT 25 min   **ZUBEREITUNGSZEIT** 30 min   **ERGIBT** 9 Brownies

FÜR DIE BROWNIES

75 g Kokosöl, mehr zum Einfetten des Backblechs

120 g Erdmandelmehl

30 g Tapiokastärke

3 Esslöffel Carobpulver

¼ Teelöffel Backnatron

⅛ Teelöffel Meersalz

110 g Ahornsirup

1 Gelatine-Ei (Seite 20)

30 bis 40 g Carobstücke (s. Schokoladenkekse, Seite 172)

FÜR DEN MINZ-ZUCKERGUSS

100 g Palmfett

120 g Kokoscreme

¼ bis ½ Teelöffel Matcha-Pulver (für die gewünschte Farbe anpassen)

2 Esslöffel (40 g) Ahornsirup

1 Teelöffel frische Pfefferminzblätter, gehackt

1. Zubereitung der Brownies: Den Ofen auf 180 °C vorheizen. Eine Backform von 20 × 20 cm mit Backpapier auslegen und leicht mit Kokosöl einfetten. Beiseitestellen.

2. Die trockenen Zutaten in einer großen Schüssel mischen.

3. Das Kokosöl und den Ahornsirup hinzufügen und unterrühren.

4. Das Gelatine-Ei zubereiten und unter den Teig rühren, bis alles vollständig verbunden ist. Den Teig in die vorbereitete Backform gießen und gleichmäßig mit dem Löffelrücken verteilen. Den Teig 25 Minuten lang oder bis er gar ist (das ist der Fall, wenn man ein Holzstäbchen in die Mitte des Teiges steckt und beim Herausziehen keine Teigreste mehr am Holz kleben) backen.

5. Leicht abkühlen lassen und dann das Backpapier anheben, damit die Brownies zur vollständigen Abkühlung auf ein Kuchengitter gelegt werden können.

6. Zubereitung des Minz-Zuckergusses: In einer Küchenmaschine das Palmfett, Kokoscreme, Matcha-Pulver, Ahornsirup und Minze verrühren. So lange verarbeiten, bis keine großen Minzstücke mehr zu sehen sind. Die Farbe sollte hellgrün sein. Den Belag mit einem Gummispatel gleichmäßig auf den Brownies verteilen und zum Aushärten 10 bis 15 Minuten in den Kühlschrank stellen.

7. Die Carobstücke in kleine Stückchen schneiden und über die Brownies streuen. In neun Stücke schneiden und gekühlt servieren.

> **HINWEIS**
>
> Die Minzcreme wird etwas schmelzen, wenn die Brownies zu lange draußen stehen. Daher kühl halten!

»SCHOKOLADEN«-GEBURTSTAGS-MUFFINS MIT GRANATAPFELGLASUR

Nichts ersetzt die Torte an Ihrem Geburtstag! Als ich anfing, mich mit Autoimmunkrankheiten und Nahrungsmittelunverträglichkeiten zu beschäftigen, und mein Geburtstag näherkam, war mein Geburtstagskuchen geradezu bizarr und, ehrlich gesagt, nicht sehr lecker. Nicht so bei diesen Muffins! Diese Geburtstagsmuffins haben die *perfekte* Textur und sind mit einer klassischen Glasur überzogen – mit Streuseln!

VORBEREITUNGSZEIT 30 min   **ZUBEREITUNGSZEIT** 25 min   **ERGIBT** 6 bis 7 Muffins

FÜR DIE STREUSEL
- 2 Esslöffel Tapiokaperlen
- 2 Esslöffel (30 ml) Granatapfelsaft

FÜR DIE GLASUR
- 130 g Palmfett
- 2 Teelöffel heller Honig
- 2 Esslöffel Tapiokastärke
- 1 bis 2 Teelöffel Granatapfelsaft

FÜR DIE MUFFINS
- 120 g Erdmandelmehl
- 30 g Tapiokastärke
- 3 Esslöffel Carobpulver
- ¼ Teelöffel Backnatron
- 110 g Kokosöl, geschmolzen
- 80 g Ahornsirup
- 1 Gelatine-Ei (Seite 20)

1. Zubereitung der Streusel: Die Tapiokaperlen und den Granatapfelsaft in einer kleinen Schüssel mischen. 20 bis 30 Minuten ruhen lassen, während die Tapiokaperlen weich werden und den Granatapfelsaft aufnehmen.

2. Zubereitung des Zuckergusses: In einer mittelgroßen Schüssel das Palmfett, den Honig und die Tapiokastärke glatt rühren.

3. Den Granatapfelsaft teelöffelweise einrühren, bis der Zuckerguss die gewünschte Farbe erreicht. An einem kühlen Ort beiseitestellen.

4. Zubereitung der Muffins: Den Ofen auf 180 °C vorheizen und eine Muffinform mit sechs oder sieben Muffinförmchen auslegen. Beiseitestellen.

5. In einer großen Schüssel Erdmandelmehl, Tapiokastärke, Carobpulver und Backnatron mischen.

6. Das geschmolzene Kokosöl und den Ahornsirup hinzugeben und umrühren.

7. Das Gelatine-Ei zubereiten, zur Mischung hinzufügen und gut verrühren, damit ein Teig entsteht. Den Teig in die Muffinförmchen löffeln, bis sie zu zwei Dritteln gefüllt sind. Den Teig 23 bis 25 Minuten lang backen oder bis er durchgebacken ist (das ist der Fall, wenn man ein Holzstäbchen in die Mitte des Teiges steckt und beim Herausziehen keine Teigreste mehr am Holz kleben).

8. Die Muffins vorsichtig auf ein Kühlgitter legen und vollständig abkühlen lassen, ehe sie mit dem Zuckerguss und den Streuseln überzogen werden.

HINWEIS

Sie mögen keinen pinken Zuckerguss? Verwenden Sie 1 bis 2 Teelöffel Matcha-Pulver, um ihn grün zu färben. Mit Carobpulver können Sie auch einen Carob-Zuckerguss herstellen.

SOMMERBEEREN-CRISP

Dieser Crisp ist wie gemacht für den Sommer! Die Mischung aus herb und süß ist an einem heißen Tag oder als leichtes Dessert nach dem Abendessen perfekt erfrischend. Der knusprige und krümelige Belag sorgt für genau die richtige Menge Crunch. Wenn Sie Ihre Gäste wirklich verwöhnen oder beeindrucken wollen, empfehle ich, ihn mit Kokosnusscreme oder hausgemachtem AIP-konformen Kokosnusseis für einen noch köstlicheren Genuss zu garnieren.

VORBEREITUNGSZEIT 15 min   **ZUBEREITUNGSZEIT** 40 min
ERGIBT 5 bis 6 Portionen

FÜR DIE FÜLLUNG

- 580 g frische Erdbeeren, geviertelt
- 145 g frische Heidelbeeren
- 2 Esslöffel Pfeilwurzelstärke
- 2 Teelöffel frischer Zitronensaft

FÜR DEN BELAG

- 60 g ungesüßte Kokosflocken
- 40 g Erdmandelmehl
- 30 g Pfeilwurzelstärke
- 1 Esslöffel Kokosmehl
- ½ Teelöffel gemahlener Zimt
- ⅛ Teelöffel Meersalz
- ca. 60 g Kokosöl
- 80 g Ahornsirup
- 120 g Kokoscreme (optional)

1. Den Ofen auf 190 °C vorheizen.

2. Zubereitung der Füllung: In einer Backform von 20 × 20 cm die Zutaten für die Füllung gut verrühren. Beiseitestellen.

3. Zubereitung des Belags: Die trockenen Zutaten in einer großen Schüssel vermischen.

4. Kokosöl und Ahornsirup hinzufügen und rühren, bis sich ein Teig bildet. Mit den Händen den Teig leicht auf die Füllung drücken, um sie abzudecken. 35 bis 40 Minuten oder bis der Belag knusprig und braun geworden ist backen.

5. Abkühlen lassen und, falls gewünscht, mit Kokoscreme servieren.

BRATÄPFEL NACH SÜDSTAATENART

Diese Äpfel bieten die perfekte Lösung, wenn Sie etwas Süßes wollen, aber nicht backen möchten. Sie sind eher säuerlich als süß und stillen dennoch das Verlangen.

VORBEREITUNGSZEIT 10 min **ZUBEREITUNGSZEIT** 8 min
ERGIBT 4 Portionen

4 Granny-Smith-Äpfel, geschält, entkernt und in Scheiben geschnitten

2 Esslöffel Kokoszucker

1 Teelöffel gemahlener Zimt

1 Esslöffel frischer Zitronensaft

2 Esslöffel Kokosöl

1. In einer großen Schüssel die Äpfel, Kokoszucker, Zimt und Zitronensaft mit den Händen mischen, bis die Äpfel gut umhüllt sind.

2. Das Kokosöl in einer großen, tiefen Kasserole bei mittlerer bis niedriger Hitze schmelzen.

3. Die Äpfel hineingeben. 6 bis 8 Minuten backen, oder bis die Äpfel weich sind und sich der Zucker aufgelöst hat. Warm servieren.

ORANGEN-KURKUMA-GUMMIS

Gummibärchen müssen überraschenderweise nicht ungesund sein. Diese selbst gemachten Gummis sind mit zwei gesundheitsfördernden Geheimzutaten gemacht – Gelatine und Kurkuma! Bereiten Sie sie als nostalgischen Snack oder als einfachen Immunverstärker zu.

VORBEREITUNGSZEIT 115 min, plus 2 Stunden Kühlzeit
ZUBEREITUNGSZEIT 15 min
ERGIBT Menge abhängig von der verwendeten Form

240 ml Orangensaft

175 g klein geschnittene Mango

30 g Gelatine

2 Esslöffel Honig

2 Teelöffel gemahlenes Kurkuma

1. Den Orangensaft und die Mango in einem Hochleistungsmixer so lange mixen, bis sie flüssig ist. Bei mittlerer bis niedriger Hitze in einen großen Topf geben.

2. Die Gelatine, den Honig und das Kurkuma mit dem Schneebesen einrühren, bis alles dickflüssig wird. 10 Minuten köcheln lassen, oder bis die Mischung dünnflüssig wird, dabei immer wieder umrühren. Die Mischung in eine Silikonform oder eine hitzebeständige Glasschale gießen. Vor dem Abkühlen mindestens 2 Stunden leicht abkühlen lassen. In kleine Stücke schneiden und gekühlt servieren.

FRUCHTIGE SANGRIA

Sangria ist ein erfrischendes Getränk aus spanischem Wein, Zitrusfrüchten und Äpfeln. Diese Version ist ebenso köstlich! Servieren Sie sie bei einem Sommerpicknick oder gemütlichen Beisammensein, um sich an einem warmen Tag abzukühlen.

VORBEREITUNGSZEIT 15 min   **ERGIBT** 5 Portionen

1 Granny-Smith-Apfel, gründlich gewaschen, entkernt und in dünne Scheiben geschnitten

1 mittelgroße Orange, gründlich gewaschen, entkernt und in dünne Scheiben geschnitten

1 Limette, gründlich gewaschen und in dünne Scheiben geschnitten

½ Zitrone, gründlich gewaschen, entkernt und in dünne Scheiben geschnitten

480 ml 100 %iger Traubensaft ohne Zuckerzusatz

480 ml Mineralwasser

120 ml frischer Orangensaft

In einem großen Krug die Apfel-, Orangen-, Limetten- und Zitronenscheiben mischen. Den Traubensaft, das Mineralwasser und den Orangensaft hineingießen und zum Mischen gut umrühren. Gekühlt servieren.

FROZEN GRAPEFRUIT-MARGARITA

Vergessen Sie den Tequila und erleben Sie doch den ganzen Geschmack und Spaß mit diesem festlichen Mocktail! Servieren Sie dieses einfache Getränk an einem lustigen Abend zu Hause.

VORBEREITUNGSZEIT 5 min   **ERGIBT** 2 Portionen

1 Teelöffel Meersalz

1 bis 2 Limettenviertel, mehr für die Garnierung

250 g Crushed Ice

240 ml frischer Grapefruitsaft

60 ml frischer Limettensaft

2 Teelöffel Honig

2 bis 3 Scheiben frische Grapefruit (optional)

1. Das Salz auf einen kleinen Teller geben. Mit einer Limettenspalte die Ränder von zwei Gläsern befeuchten und diese in das Salz tauchen. Überschüssiges Salz abschütteln und beiseitestellen.

2. Eis, Grapefruit- und Limettensaft sowie Honig in einem Hochleistungsmixer sehr gut mixen. Die Margarita in die vorbereiteten Gläser gießen und mit Limettenspalten oder Grapefruitscheiben garnieren.

Dekadente Desserts und Getränke

HEISSER KAKAO

An einem kalten Winterabend geht doch nichts über eine Tasse heißen Kakao. Servieren Sie diesen heißen Kakao zum Aufwärmen oder als süße Leckerei.

VORBEREITUNGSZEIT 5 min   **ZUBEREITUNGSZEIT** 10 min
ERGIBT 2 Portionen

480 ml Kokosmilch
(s. Apfel-Zimt-Müsli mit Kokosmilch, Seite 32, oder aus der Dose)

2 Esslöffel (30 g) Kokoscreme, mehr zum Servieren (optional)

2 Esslöffel Carobpulver

3 Esslöffel Kokoszucker

1. Die Kokosmilch in einem kleinen Topf bei geringer Temperatur für 2 bis 3 Minuten erhitzen.

2. Die Kokoscreme einrühren, bis sie geschmolzen ist.

3. Das Carobpulver und den Kokoszucker gut unterrühren. Warm und, falls gewünscht, mit zusätzlicher Kokosnusscreme servieren.

DANKSAGUNG

MEINEM LIEBENDEN EHEMANN DANIEL: Es gäbe weder dieses Buch und noch irgendetwas von Unbound Wellness, wenn du mich nicht anspornen würdest. Danke, dass du an mich glaubst, mich inspirierst, und dass du in den Monaten, in denen ich dieses Buch geschrieben habe, die endlose Parade von Paketen mit Küchenrequisiten und Vintage-Kleidern ertragen hast! Ich liebe dich so sehr.

An das Team von Fair Winds Press: Vielen Dank für all eure Hilfe und harte Arbeit, um dieses Buch Wirklichkeit werden zu lassen.

Meinen AIP-Bloggerkollegen danke ich für eure Unterstützung und für alles, was ihr tut, um diese wichtige Botschaft des echten Essens zu verbreiten. Danke, Dr. Sarah Ballantyne, für Ihre fabelhafte Arbeit und dass Sie das Vorwort zu meinem Buch verfasst haben.

Meiner Familie danke ich, dass ihr mir beim Testen so vieler Rezepte in diesem Buch geholfen habt, und für all eure Unterstützung. Wenn ich »Familie« sage, meine ich natürlich auch Stinky, meine Katze, die auch für eines der Fotos Modell gestanden hat und mir treu beim Schreiben dieses Buches Gesellschaft geleistet hat.

Meiner Freundin Melanie Shafranek möchte ich sagen, dass ich mir niemand anderen für die Kapitel-Fotografien dieses Buches hätte vorstellen können. Danke, dass du geholfen hast, meine Vision zum Leben zu erwecken und ich in den Genuss deines Talents kommen durfte.

Ich kann meinen Lesern nicht einmal ansatzweise beschreiben, wie dankbar ich für ihre Unterstützung bin. Danke, dass Sie meine Rezepte ausprobiert haben, für Ihre freundlichen Worte, und dass Sie mich ermutigt haben, dieses Buch zu schreiben und Wirklichkeit werden zu lassen!

Und vor allem wäre all dies ohne die Kraft und Führung Gottes nicht möglich gewesen.

ÜBER DIE AUTORIN

BEI MICHELLE HOOVER wurde im Alter von 17 Jahren die Hashimoto-Krankheit, eine Autoimmunerkrankung der Schilddrüse, diagnostiziert. In dem Versuch, ihre lähmenden Symptome zu lindern, begann sie, eine Heildiät und einen heilenden Lebensstil zu entwickeln. Die Aussicht, Getreide, Milchprodukte und alle verarbeiteten Lebensmittel aufzugeben, war jedoch entmutigend. Heute ist sie darauf spezialisiert, köstliche heilende Gerichte zu kreieren, die Erwachsene und Kinder gleichermaßen lieben werden! Michelle wohnt derzeit mit ihrem Mann Daniel und ihrer Katze in Dallas, Texas, und betreibt hauptberuflich den beliebten Rezept- und Gesundheitsblog Unbound-Wellness.com. Mehr von ihr finden Sie in ihrem Blog und auf Instagram unter @Unboundwellness.

IMPRESSUM

Michelle Hoover
DAS AUTOIMMUN-WOHLFÜHL KOCHBUCH
Über 100 leckere, nahrhafte und allergenfreie Rezepte
1. deutsche Auflage 2021
ISBN: 978-3-96257-245-7
© 2021, Narayana Verlag GmbH

Titel der Originalausgabe:
Michelle Hoover
THE AUTOIMMUNE PROTOCOL COMFORT FOOD COOKBOOK
100+ Nourishing Allergen-Free Recipes
published by Fair Winds Press, an imprint of The Quarto Group
www.QuartoKnows.com
Copyright © 2019 by Quarto Publishing Group USA Inc.
Text © 2019 Michelle Hoover
Fotografie © 2019 Quarto Publishing Group USA Inc.

Übersetzung aus dem Englischen: Daniela Bernhardt-Lohfink
Layout: Samantha J. Bednarek
Satz: Nicole Laka
Coverlayout und Satz: © Narayana Verlag GmbH
Coverabbildungen: Michelle Hoover
Rezeptfotos: Michelle Hoover
Fotos Kapitelübersicht: Melanie Shafranek and Michelle Hoover
Portrait Fotografien: Maribel Morales

Herausgeber:
Unimedica im Narayana Verlag GmbH,
Blumenplatz 2, D-79400 Kandern
Tel.: +49 7626 974 970–0
E-Mail: info@unimedica.de
www.unimedica.de

Alle Rechte vorbehalten. Ohne schriftliche Genehmigung des Verlags darf kein Teil dieses Buches in irgendeiner Form – mechanisch, elektronisch, fotografisch – reproduziert, vervielfältigt, übersetzt oder gespeichert werden, mit Ausnahme kurzer Passagen für Buchbesprechungen. Sofern eingetragene Warenzeichen, Handelsnamen und Gebrauchsnamen verwendet werden, gelten die entsprechenden Schutzbestimmungen (auch wenn diese nicht als solche gekennzeichnet sind). Die Empfehlungen in diesem Buch wurden von Autor und Verlag nach bestem Wissen erarbeitet und überprüft. Dennoch kann eine Garantie nicht übernommen werden. Weder der Autor noch der Verlag können für eventuelle Nachteile oder Schäden, die aus den im Buch gegebenen Hinweisen resultieren, eine Haftung übernehmen. Der Verlag schließt im Rahmen des rechtlich Zulässigen jede Haftung für die Inhalte externer Links aus. Für Inhalte, Richtigkeit, Genauigkeit, Vollständigkeit, Qualität und/oder Verwendbarkeit der dargestellten Informationen auf den verlinkten Seiten sind ausschließlich deren Betreiber verantwortlich."

INDEX

A
Abendessen mit Balsamico-Schweinekotlett 113
Ananas 132
  Einfaches hawaiianisches Hühnchen 132
  Kokosgarnelen mit Ananas-Dip-Soße 49
Ananassaft
  Einfaches hawaiianisches Hühnchen 132
Äpfel 7, 118, 180
  Rinderleber mit Zwiebeln 118
Apfelchips 32
  Apfel-Zimt-Müsli mit Kokosmilch 32
Apfel-Hühnchen-Wurst 33
Apfel-Zimt-Müsli mit Kokosmilch 27, 32, 182
Autoimmun-Protokoll
  Geräte & Kochgeschirr 13
  Grundrezepte 17
  Leben nach dem 11
  Lebensmittelauswahl 6
  über das 4, 11
  Wiedereinführung von Lebensmitteln 10
Avocado-Pesto-Hühnchensalat 76
Avocados
  Butternuss-Bison-Chili 71
  Frühstücks-Taco-Bowls 39
  Guacamole 53
  Zucchini-Hühnchen-Enchiladas 120

B
Baby-Pak-Choi
  One-Pan-Frühlingsrolle 117
  Schweinebauch-Ramen 88
Bacon 38, 48, 61, 78, 118, 137, 161
  Bacon Ranch Puten-Burger 136
  Frühstücksrösti aus Pute und Karotte 38
  Gebratener Kohl nach Südstaaten-Art 78
  Gefüllte Back-"Kartoffel"-Suppe 61
  Jacobsmuscheln mit Baconmarmelade 48
  Maisbrot mit Bacon und Schnittlauch 161
  Rinderleber mit Zwiebeln 118
Bacon Ranch Puten-Burger 136
Bagel-Lachs-Frühstückssalat mit Frisch-"Käse"-Dressing 37
Baja-Fisch-Tacos 139
Balsamico-Rosenkohl 79
Bananen 7, 13, 34
  Bananenbrot-French-Toast 34
Bananenbrot-French-Toast 34
Barbecue-Rinderbrust aus dem Schongarer 95
Barbecue-Soße 95
  Barbecue-Rinderbrust aus dem Schongarer 95
Birne 74
  Erntesalat 74
Biscuits und Sausage Gravy 114
Bison 7, 57, 71, 161
Blattsalat, grüner
  Bagel-Lachs-Frühstückssalat mit Frisch-Käse-Dressing 37
Blaubeerwaffeln 28
Blumenkohl 6, 13, 22-23, 84, 87, 97, 103, 109, 131, 147, 152-153, 156
  Blumenkohl-"Käse" 23
  Blumenkohl „Mac & Cheese" 86
  Einfacher Blumenkohl-Reis 22
  Garnelen Alfredo 140
  Meeresfrüchte-und-Prosciutto-Paella 147
  Pizza Margherita 152
  Süßkartoffel-Gnocchi mit Sahnesoße 151
Blumenkohlfüllung 156

Blumenkohl-„Käse" 23, 102-103, 153
 Charcuterie-Platte mit Crackern und Artischocken-Hummus 42
Blumenkohl „Mac & Cheese" 86
Blumenkohl-Polenta 144
 Garnelen & „Polanta" mit Spinat 144
Blumenkohl-Reis 22, 68, 97, 109, 119, 123, 131, 144
 Einfaches hawaiianisches Hühnchen 132
 Hühnchen Tikka-Masala 123
 Italienische Hochzeitssuppe 68
 Lamm-Gyros-Pfanne 119
 Teriyaki-Hühnchenpfanne 131
Blumenkohlröschen
 Blumenkohlfüllung 156
 Blumenkohl „Mac & Cheese" 86
 Garnelen Alfredo 140
Bolognese mit Zucchini-Nudeln 105
Brataäpfel nach Südstaatenart 180
Brathähnchen 162
Brokkoli 6, 50, 57-58, 65, 84, 91, 95, 131-132
 Abendessen mit Balsamico-Schweinekotlett 113
 Einfaches hawaiianisches Hühnchen 132
 Gemüsekroketten 50
 Hühnchen-Pot-Pie-Suppe 65
 Picknick-Brokkoli-Slaw 84
Brokkoli-"Käse"-Suppe 58
Brokkolini
 Abendessen mit Balsamico-Schweinekotlett 113
Brokkoliröschen
 Teriyaki-Hühnchenpfanne 131
Brombeeren 7
Butternuss-Bison-Chili 71, 161
Butternusskürbis 71, 85, 87
 Abendessen mit Balsamico-Schweinekotlett 113
 Blumenkohl „Mac & Cheese" 86
 Butternuss-Bison-Chili 71
 Butternusskürbis-Lauch-Risotto 85
Butternusskürbis-Lauch-Risotto 85

C
Caesar Salad 77
Calamari-Tuben
 Meeresfrüchte-und-Prosciutto-Paella 147
Carnitas aus dem Schongarer 109
Champignonsoße 158
Charcuterie-Platte mit Crackern und Artischocken-Hummus 23, 41-42, 48, 73
Chicken Wings 47
 Papas Lieblings-Buffalo-Chicken-Wings 47
Coffee-Shop-Kürbis-Scones 168
Cranberry-Cheesecake-Riegel 164
Cranberrys, frische
 Orangen-Cranberry-Soße 156
Cranberrys, getrocknete
 Apfel-Zimt-Müsli mit Kokosmilch 32

D
Datteln, entsteinte
 Cranberry-Cheesecake-Riegel 164
Datteln, getrocknete
 Jacobsmuscheln mit Baconmarmelade 48
Delicata-Kürbis
 Erntesalat 74
Dosenbirne
 Ketchup ohne Nachtschattengewächse 24

E
Einfacher Blumenkohl-Reis 22
Einfaches hawaiianisches Hühnchen 132
Erdbeeren 7
 Sommerbeeren-Crisp 179
Erntesalat 74

F
Fischsoße 67
 Tom Kha Gai 67
Flank Steak 97
 Mongolisches Rindfleisch 97
 One-Pan-Rindfleisch-Fajitas 110
Frozen Grapefruit-Margarita 181

Fruchtige Sangria 181
Frühstücksrösti aus Pute und Karotte 38
Frühstücks-Taco-Bowls 39

G

Garnelen 7, 49, 73, 140, 144, 147
   Garnelen Alfredo 140
   Garnelen & „Polanta" mit Spinat 144
   Kokosgarnelen mit Ananas-Dip-Soße 49
   Meeresfrüchte-Eintopf 73
   Meeresfrüchte-und-Prosciutto-Paella 147
Garnelen Alfredo 140
Garnelen & „Polanta" mit Spinat 144
Gebratener Kohl nach Südstaaten-Art 78
Gefüllte Back-"Kartoffel"-Suppe 61
Gelatine-Ei 14, 20, 42, 50, 66, 153, 168, 175-176
   Charcuterie-Platte mit Crackern und Artischocken-Hummus 42
   Coffee-Shop-Kürbis-Scones 168
   Gemüsekroketten 50
   Hühnchen-Pot-Pie-Suppe 65
   Minz-Chip-Brownies 175
   Pizza Margherita 152
   „Schokoladen"-Geburtstagsmuffins mit Granatapfelglasur 176
Gemüsekroketten 50
Geröstetes Pastinakenpüree 159
Glasierte „Schokoladen"-Doughnut-Holes 171
Granatapfelkerne 74
   Erntesalat 74
   Lebkuchenplätzchen 163
Granatapfelsaft 176
   Erntesalat 74
   „Schokoladen"-Geburtstagsmuffins mit Granatapfelglasur 176
Granny-Smith-Äpfel
   Bratäpfel nach Südstaatenart 180
   Fruchtige Sangria 181
Grapefruit 7, 181
   Frozen Grapefruit-Margarita 181

Grapefruitsaft, frischer
   Frozen Grapefruit-Margarita 181
Grünkohl 2, 6, 38, 62, 71, 74, 84, 151
   Butternuss-Bison-Chili 71
   Butternusskürbis-Lauch-Risotto 85
   Erntesalat 74
   Frühstücksrösti aus Pute und Karotte 38
   Immunstärkende Hühnersuppe 62
   Picknick-Brokkoli-Slaw 84
   Süßkartoffel-Gnocchi mit Sahnesoße 151
Guacamole 39, 53, 128
   Frühstücks-Taco-Bowls 39
   Koriander-Avocado-Chicken-Poppers 128
Gurke
   Bagel-Lachs-Frühstückssalat mit Frisch-„Käse"-Dressing 37
   Charcuterie-Platte mit Crackern und Artischocken-Hummus 42
   Lamm-Gyros-Pfanne 119

H

Hackbällchen nach italienischer Art 101
Hackbraten-Muffins nach italienischer Art 94
Hähnchen, ganzes
   Brathähnchen 162
Hähnchenschnitzel 124
   One-Pan-Hühnchen-Piccata mit Spargel 124
Heidelbeeren 7
   Sommerbeeren-Crisp 179
Heißer Kakao 182
Himbeeren 7
Honig-„Buttermilch"-Hähnchenstreifen mit Ranch-Dip 134
Hühnchen-Pot-Pie-Suppe 65
Hühnchen Tikka-Masala 123
Hühnchen- und Waffelsandwiches 127
Hühnerbrust, gekochte
   Avocado-Pesto-Hühnchensalat 76

Caesar Salad 77
Zucchini-Hühnchen-Enchiladas 120
Hühnerbrust ohne Knochen
  Einfaches hawaiianisches Hühnchen 132
  Hühnchen-Pot-Pie-Suppe 65
  Hühnchen Tikka-Masala 123
  Hühnchen- und Waffelsandwiches 127
  Mediterrane Mini-Hühnchenspieße 44
  Teriyaki-Hühnchenpfanne 131
  Tom Kha Gai 67
Hühnerknochenbrühe 19
  Blumenkohlfüllung 156
  Blumenkohl „Mac & Cheese" 86
  Bolognese mit Zucchini-Nudeln 105
  Butternuss-Bison-Chili 71
  Butternusskürbis-Lauch-Risotto 85
  Champignonsoße 158
  Garnelen Alfredo 140
  Hühnchen-Pot-Pie-Suppe 65
  Immunstärkende Hühnersuppe 62
  Italienische Hochzeitssuppe 68
  Meeresfrüchte-Eintopf 73
  One-Pan-Hühnchen-Piccata mit Spargel 124
  Queso Blanco 54
  Schweinebauch-Ramen 88
  Tom Kha Gai 67
  Zucchini-Hühnchen-Enchiladas 120
Hühnerleber 45
  Hühnerleberpastete 45
Hühnerleberpastete 45

I
Immunstärkende Hühnersuppe 62
Ingwer, frischer
  Immunstärkende Hühnersuppe 62
  Mongolisches Rindfleisch 97
  One-Pan-Frühlingsrolle 117
  Tom Kha Gai 67
Israelischer Karotten 81
Italienische Hochzeitssuppe 68

J
Jacobsmuscheln mit Baconmarmelade 48

K
Kabeljaufilet 139
  Baja-Fisch-Tacos 139
  Meeresfrüchte-Eintopf 73
Karotten 6, 24-25, 38, 45, 47, 52, 58, 71, 81, 84, 95, 108
  Barbecue-Rinderbrust aus dem Schongarer 95
  Bolognese mit Zucchini-Nudeln 105
  Butternuss-Bison-Chili 71
  Charcuterie-Platte mit Crackern und Artischocken-Hummus 42
  Frühstücksrösti aus Pute und Karotte 38
  Gemüsekroketten 50
  Hühnchen-Pot-Pie-Suppe 65
  Hühnerknochenbrühe 19
  Immunstärkende Hühnersuppe 62
  Israelischer Karotten 81
  Italienische Hochzeitssuppe 68
  Ketchup ohne Nachtschattengewächse 24
  Meeresfrüchte-Eintopf 73
  One-Pan-Frühlingsrolle 117
  Rinderknochenbrühe 18
  Salt and Vinegar Karottenchips 52
  Schmorbraten aus dem Schongarer 108
  Shepherd's Pie mit Süßkartoffeln 104
  Traditionelles ungarisches Gulasch 72
Ketchup ohne Nachtschattengewächse 24
Kirschen 95
  Barbecue-Rinderbrust aus dem Schongarer 95
Kochbanane, gelbe
  Frühstücks-Taco-Bowls 39
Kochbananen-Chips 45, 53-54, 109, 135
  Honig-„Buttermilch"-Hähnchenstreifen mit Ranch-Dip 134
  Queso Blanco 54
Kokosflocken, ungesüßte
  Cranberry-Cheesecake-Riegel 164
  Kokosgarnelen mit Ananas-Dip-Soße 49
  Sommerbeeren-Crisp 179

Kokosgarnelen mit Ananas-Dip-Soße 49
Kokosjoghurt 7, 160
   Süßkartoffel-Latkes 160
Kokos-Joghurt 14, 31, 123
   Hühnchen Tikka-Masala 123
   Lamm-Gyros-Pfanne 119
Kokosnusschips
   Apfel-Zimt-Müsli mit Kokosmilch 32
Kokosnussfreie Rezepte
   Abendessen mit Balsamico-Schweinekotlett 113
   Avocado-Pesto-Hühnchensalat 76
   Baja-Fisch-Tacos 139
   Balsamico-Rosenkohl 79
   Blumenkohlfüllung 156
   Blumenkohl-„Käse" 23
   Bolognese mit Zucchini-Nudeln 105
   Brathähnchen 162
   Butternuss-Bison-Chili 71
   Butternusskürbis-Lauch-Risotto 85
   Caesar Salad 77
   Champignonsoße 158
   Einfacher Blumenkohl-Reis 22
   Erntesalat 74
   Frozen Grapefruit-Margarita 181
   Fruchtige Sangria 181
   Frühstücksrösti aus Pute und Karotte 38
   Frühstücks-Taco-Bowls 39
   Gebratener Kohl nach Südstaaten-Art 78
   Gelatine-Ei 20
   Guacamole 53
   Hackbällchen nach italienischer Art 101
   Hackbraten-Muffins nach italienischer Art 94
   Hühnerknochenbrühe 19
   Immunstärkende Hühnersuppe 62
   Israelischer Karotten 81
   Italienische Hochzeitssuppe 68
   Jacobsmuscheln mit Baconmarmelade 48
   Ketchup ohne Nachtschattengewächse 24
   Kochbananen-Chips 53
   Lebkuchenplätzchen 163
   Mediterrane Mini-Hühnchenspieße 44
   Omas Sauerkraut 21
   One-Pan-Hühnchen-Piccata mit Spargel 124
   Orangen-Cranberry-Soße 156
   Orangen-Kurkuma-Gummis 180
   Picknick-Brokkoli-Slaw 84
   Rinderknochenbrühe 18
   Rinderleber mit Zwiebeln 118
   Salt and Vinegar Karottenchips 52
   Schmorbraten aus dem Schongarer 108
   Schnell eingelegter Mantanghong-Rettich 82
   Steak & Fries 92
   Traditionelles ungarisches Gulasch 72
   Zucchini-Hühnchen-Enchiladas 120
   Zucchini-Lasagne 102
Kopfsalatblätter 139
   Avocado-Pesto-Hühnchensalat 76
   Baja-Fisch-Tacos 139
Koriander-Avocado-Chicken-Poppers 128
Kräuter-Lachsfrikadellen 143
Kronfleisch
   One-Pan-Rindfleisch-Fajitas 110
Kürbispüree 168
   Coffee-Shop-Kürbis-Scones 168
Kürbisse, gelbe
   One-Pan-Rindfleisch-Fajitas 110

L

Lachsfilet
   Meeresfrüchte-Eintopf 73
Lachs, geräucherter
   Bagel-Lachs-Frühstückssalat mit Frisch-„Käse"-Dressing 37
Lamm 7, 119
   Lamm-Gyros-Pfanne 119
Lamm-Gyros-Pfanne 119
Lauch 38, 85
   Butternusskürbis-Lauch-Risotto 85
   Frühstücksrösti aus Pute und Karotte 38
Lebensmittel
   genießen, die sie 6

heilende 6
Superfoods 7
vermeidende, zu 8
Wiedereinführungsphase, in der 10
Lebkuchenplätzchen 163
Limette 15
   Baja-Fisch-Tacos 139
   Butternuss-Bison-Chili 71
   Carnitas aus dem Schongarer 109
   Fruchtige Sangria 181
   Frühstücks-Taco-Bowls 39
   Guacamole 53
   Kochbananen-Chips 53
   Koriander-Avocado-Chicken-Poppers 128
   One-Pan-Rindfleisch-Fajitas 110
   Zucchini-Hühnchen-Enchiladas 120

M

Maisbrot mit Bacon und Schnittlauch 161
Mangos 7, 139, 180
   Baja-Fisch-Tacos 139
   Orangen-Kurkuma-Gummis 180
Mediterrane Mini-Hühnchenspieße 44
Meeresfrüchte-Eintopf 73
Meeresfrüchte-und-Prosciutto-Paella 147
Melasse 7, 95, 163
   Barbecue-Rinderbrust aus dem Schongarer 95
   Lebkuchenplätzchen 163
Melonen 7
Minz-Chip-Brownies 175
Mongolisches Rindfleisch 97
Muscheln 7, 147
   Meeresfrüchte-und-Prosciutto-Paella 147

O

Oliven 42, 119
   Charcuterie-Platte mit Crackern und Artischocken-Hummus 42
   Lamm-Gyros-Pfanne 119
   Pizza Margherita 152

Omas Sauerkraut 21
One-pan-Frühlingsrolle 117
One-Pan-Hühnchen-Piccata mit Spargel 124
One-pan-Rezepte
   Abendessen mit Balsamico-Schweinekotlett 113
   Balsamico-Rosenkohl 79
   Butternuss-Bison-Chili 71
   Immunstärkende Hühnersuppe 62
   Kokos-Joghurt 31
   Meeresfrüchte-Eintopf 73
   Meeresfrüchte-und-Prosciutto-Paella 147
   Mongolisches Rindfleisch 97
   One-pan-Frühlingsrolle 117
   Tom Kha Gai 67
One-Pan-Rindfleisch-Fajitas 110
Orangen 7, 20
   Fruchtige Sangria 181
Orangen-Cranberry-Soße 156
Orangen-Kurkuma-Gummis 180

P

Papas Lieblings-Buffalo-Chicken-Wings 47
Pastinaken 6, 65, 73, 159
   Geröstetes Pastinakenpüree 159
   Hühnchen-Pot-Pie-Suppe 65
   Immunstärkende Hühnersuppe 62
   Meeresfrüchte-Eintopf 73
   Traditionelles ungarisches Gulasch 72
Pfirsiche 7
Picknick-Brokkoli-Slaw 84
Pilze 6, 67, 88
Pizza Margherita 152
Portobello-Champignons
   Champignonsoße 158
Preiselbeeren 7
Probiotikum-Kapseln 31
   Kokos-Joghurt 31
Prosciutto 147
   Charcuterie-Platte mit Crackern und Artischocken-Hummus 42

Prosciutto...
  Meeresfrüchte-und-Prosciutto-Paella 147
  Pizza Margherita 152
Putenhackfleisch 38
  Apfel-Hühnchen-Wurst 33

Q

Queso Blanco 3, 53-54

R

Räucherlachs 27
Ribeye-Steaks
  Steak & Fries 92
Rinderbraten
  Schmorbraten aus dem Schongarer 108
Rinderbrust 95
  Barbecue-Rinderbrust aus dem Schongarer 95
Rindergulasch
  Traditionelles ungarisches Gulasch 72
Rinderknochenbrühe 18-19
  Barbecue-Rinderbrust aus dem Schongarer 95
  Butternuss-Bison-Chili 71
  Mongolisches Rindfleisch 97
  Schmorbraten aus dem Schongarer 108
  Schwedische Hackbällchen 98
  Shepherd's Pie mit Süßkartoffeln 104
Rinderleber 45, 118
  Rinderleber mit Zwiebeln 118
Rinderleber mit Zwiebeln 118
Romanasalat 39
  Frühstücks-Taco-Bowls 39
Rosenkohl 6, 79
  Balsamico-Rosenkohl 79
Rotkohl 21, 84
  Picknick-Brokkoli-Slaw 84
Rüben 6

S

Salt and Vinegar Karottenchips 52
Sardellenfilets 77
  Caesar Salad 77
Schmorbraten aus dem Schongarer 108

Schnell eingelegter Mantanghong-Rettich 82
Schwedische Hackbällchen 98
Schweinebauch 88
  Schweinebauch-Ramen 88
Schweinebauch-Ramen 88
Schweinefleisch 88, 109, 114, 117
  Carnitas aus dem Schongarer 109
  Hackbraten-Muffins nach italienischer Art 94
Schweinehack 68, 114, 117
  Biscuits und Sausage Gravy 114
  Hackbraten-Muffins nach italienischer Art 94
  Italienische Hochzeitssuppe 68
  One-Pan-Frühlingsrolle 117
Schweinekoteletts mit Knochen
  Abendessen mit Balsamico-Schweinekotlett 113
Schweineschulter
  Carnitas aus dem Schongarer 109
Shepherd's Pie mit Süßkartoffeln 104
Shiitake-Pilze 88
  Schweinebauch-Ramen 88
  Tom Kha Gai 67
Sloppy-Joe-Auflauf 106
Sommerbeeren-Crisp 179
Spaghettikürbis
  Garnelen Alfredo 140
Spargel 6, 124
  One-Pan-Hühnchen-Piccata mit Spargel 124
Spinat 6, 68, 103, 144
  Apfel-Hühnchen-Wurst 33
  Garnelen & „Polanta" mit Spinat 144
Spinat, frischer
  Italienische Hochzeitssuppe 68
  Zucchini-Lasagne 102
Steak & Fries 92
Süßkartoffel-Gnocchi mit Sahnesoße 151
Süßkartoffel-Latkes 160
Süßkartoffeln 6, 13-14, 54, 61, 91-92, 98, 104, 107

Geröstetes Pastinakenpüree 159
Queso Blanco 54
Shepherd's Pie mit Süßkartoffeln 104
Sloppy-Joe-Auflauf 106
Süßkartoffel-Gnocchi mit Sahnesoße 151
Süßkartoffel-Latkes 160

T

Teriyaki-Hühnchenpfanne 131
Thunfisch 3, 7, 14-15, 148
   Thunfisch-Zoodle-Auflauf 148
Thunfisch-Zoodle-Auflauf 148
„Tomaten"-Soße ohne Nachtschattengewächse 25, 47, 71-72, 101-102, 104, 123
Tom Kha Gai 67
Traditionelles ungarisches Gulasch 72

U

Unter-45-Minuten-Rezepte
   Abendessen mit Balsamico-Schweinekotlett 113
   Apfel-Hühnchen-Wurst 33
   Apfel-Zimt-Müsli mit Kokosmilch 32
   Bacon Ranch Puten-Burger 136
   Bagel-Lachs-Frühstückssalat mit Frisch-„Käse"-Dressing 37
   Baja-Fisch-Tacos 139
   Balsamico-Rosenkohl 79
   Blumenkohlfüllung 156
   Bratäpfel nach Südstaatenart 180
   Brokkoli-„Käse"-Suppe 58
   Butternusskürbis-Lauch-Risotto 85
   Caesar Salad 77
   Coffee-Shop-Kürbis-Scones 168
   Einfacher Blumenkohl-Reis 22
   Einfaches hawaiianisches Hühnchen 132
   Erntesalat 74
   Frozen Grapefruit-Margarita 181
   Fruchtige Sangria 181
   Frühstücksrösti aus Pute und Karotte 38
   Frühstücks-Taco-Bowls 39
   Garnelen & „Polanta" mit Spinat 144
   Gebratener Kohl nach Südstaaten-Art 78
   Gemüsekroketten 50
   Guacamole 53
   Hackbällchen nach italienischer Art 101
   Heißer Kakao 182
   Hühnerleberpastete 45
   Israelischer Karotten 81
   Kochbananen-Chips 53
   Kokosgarnelen mit Ananas-Dip-Soße 49
   Koriander-Avocado-Chicken-Poppers 128
   Lamm-Gyros-Pfanne 119
   Lebkuchenplätzchen 163
   Maisbrot mit Bacon und Schnittlauch 161
   Meeresfrüchte-Eintopf 73
   Meeresfrüchte-und-Prosciutto-Paella 147
   Mongolisches Rindfleisch 97
   One-pan-Frühlingsrolle 117
   One-Pan-Hühnchen-Piccata mit Spargel 124
   One-Pan-Rindfleisch-Fajitas 110
   Orangen-Cranberry-Soße 156
   Picknick-Brokkoli-Slaw 84
   Queso Blanco 54
   Salt and Vinegar Karottenchips 52
   Schwedische Hackbällchen 98
   Shepherd's Pie mit Süßkartoffeln 104
   Süßkartoffel-Latkes 160
   Teriyaki-Hühnchenpfanne 131
   Thunfisch-Zoodle-Auflauf 148
   Tom Kha Gai 67

V

Vorkochen, Rezepte zum
   Apfel-Hühnchen-Wurst 33
   Butternuss-Bison-Chili 71
   Einfaches hawaiianisches Hühnchen 132
   Frühstücks-Taco-Bowls 39

Vorkochen, Rezepte zum...
  Hackbällchen nach italienischer Art 101
  Hackbraten-Muffins nach italienischer Art 94
  Hühnerleberpastete 45
  Immunstärkende Hühnersuppe 62
  Italienische Hochzeitssuppe 68
  Koriander-Avocado-Chicken-Poppers 128
  Kräuter-Lachsfrikadellen 143
  Lamm-Gyros-Pfanne 119
  Meeresfrüchte-und-Prosciutto-Paella 147
  Mongolisches Rindfleisch 97
  One-pan-Frühlingsrolle 117
  One-Pan-Rindfleisch-Fajitas 110
  Schmorbraten aus dem Schongarer 108
  Schwedische Hackbällchen 98
  Teriyaki-Hühnchenpfanne 131
  Zucchini-Hühnchen-Enchiladas 120

W

Waffeln 2, 15, 28, 127
  Blaubeerwaffeln 28
  Hühnchen- und Waffelsandwiches 127
Wassermelonen 7
Weintrauben
  Charcuterie-Platte mit Crackern und Artischocken-Hummus 42
Weintrauben, grüne
  Avocado-Pesto-Hühnchensalat 76

Z

Zitronen 7
Zitronensaft 25, 42, 44, 77, 81, 124, 143, 180
  Avocado-Pesto-Hühnchensalat 76
  Bratäpfel nach Südstaatenart 180
  Caesar Salad 77
  Garnelen & „Polanta" mit Spinat 144
  Hühnchen Tikka-Masala 123
  Immunstärkende Hühnersuppe 62
  Israelischer Karotten 81
  Ketchup ohne Nachtschattengewächse 24
  Kräuter-Lachsfrikadellen 143
  Lamm-Gyros-Pfanne 119
  Rinderleber mit Zwiebeln 118
  Sommerbeeren-Crisp 179
  Zucchini-Lasagne 102
Zucchini 6, 14-15, 50, 88, 101, 103, 105, 110, 119, 121, 143, 148
  Bolognese mit Zucchini-Nudeln 105
  Gemüsekroketten 50
  Kräuter-Lachsfrikadellen 143
  Lamm-Gyros-Pfanne 119
  One-Pan-Rindfleisch-Fajitas 110
  Schweinebauch-Ramen 88
  Thunfisch-Zoodle-Auflauf 148
  Zucchini-Hühnchen-Enchiladas 120
  Zucchini-Lasagne 102
Zucchini-Hühnchen-Enchiladas 120
Zucchini-Lasagne 102

BEZUGSQUELLEN

Die meisten der im Buch erwähnten Produkte sind in gängigen Naturkostläden erhältlich.

Sie können sie auch direkt über unseren Online-Shop www.unimedica.de erhalten.

Dort finden Sie ein großes Sortiment an ausgewählten Naturkostprodukten, u. a. auch seltene Produkte wie Yacon-Sirup. Auch Nahrungsergänzungsmittel unserer Eigenmarke „Unimedica" und viele Superfoods sind dort erhältlich.

Mickey Trescott

Das nährstoffdichte Autoimmun-Kochbuch

125 HEILENDE PALEO-REZEPTE BEI HASHIMOTO, M. CROHN, RHEUMA UND WEITEREN AUTOIMMUN-ERKRANKUNGEN

368 Seiten, geb., € 29,-

Die Autorin Trescott, Mickey wurde mit dem NAUTILUS SILVER 2019 Award ausgezeichnet!

HEILENDE PALEO-REZEPTE bei HASHIMOTO, M. CROHN, RHEUMA und WEITEREN AUTOIMMUN-ERKRANKUNGEN

Das Autoimmun-Protokoll (AIP) hat bereits Tausenden Menschen mit chronischen Erkrankungen zu einem besseren Leben verholfen. Mickey Trescott, Ernährungsberaterin und Bestseller-Autorin von Das Autoimmun-Paleo-Kochbuch, ist eine der führenden Stimmen der AIP-Bewegung, seit sie sich selbst von Zöliakie und Hashimoto heilen konnte. Mit Das nährstoffdichte Autoimmun-Kochbuch entwickelt Trescott den Paleo-Ansatz entscheidend weiter. Sie zeigt auf, dass es bei einem Heilungsprozess nicht nur um die Vermeidung bestimmter Lebensmittel geht, sondern vorrangig um die Nährstoffdichte.

Mickey Trescott

Das Autoimmun-Paleo-Kochbuch

DAS ERFOLGREICHE PROTOKOLL BEI ALLERGIEN, HASHIMOTO, ZÖLIAKIE UND WEITEREN CHRONISCHEN KRANKHEITEN

320 Seiten, geb., € 29,-

Autoimmunerkrankungen wie Diabetes, Allergien, Multiple Sklerose oder Zöliakie beherrschen den Alltag vieler Menschen, während die heutige Medizin den Betroffenen oft keinen wirksamen Ausweg bietet. Das Autoimmunprotokoll wurde speziell für diese Krankheiten entwickelt. Es entfernt mögliche Auslöser in der Ernährung und schafft einen gesunden Darm – die Voraussetzung für eine Heilung von innen. Mickey Trescotts Buch ist der perfekte Begleiter für den Einstieg. Die Ernährungsberaterin und erfolgreiche Bloggerin hat sich selbst mithilfe dieser speziellen Paleo-Diät von Zöliakie, Hashimoto-Thyreoiditis und chronischer Erschöpfung geheilt.

In ihrem Werk gibt sie einen Einblick in die Wirkungsweise des Autoimmunprotokolls sowie wertvolle Tipps, wie man Küche und Vorratsschrank von allen potenziell schädlichen Lebensmitteln befreien kann. Auch stellt sie Wochenpläne und Einkaufslisten bereit, um den Umstieg so einfach wie möglich zu gestalten.

Dr. Sarah Ballantyne / Alaena Haber

Heilende Küche

ÜBER 175 PALEO-REZEPTE GEGEN HERZ-KREISLAUF-PROBLEME, DIABETES UND AUTOIMMUNERKRANKUNGEN

360 Seiten, geb., € 24,80

Über 175 Paleo-Rezepte gegen Herz-Kreislauf-Probleme, Diabetes und Autoimmunerkrankungen

Das große Paleo-Kochbuch auf Grundlage des Autoimmunprotokolls – nie war es einfacher, die Gesundheit durch heilende Nahrungsmittel zu fördern

Die Heilende Küche der preisgekrönten Bestsellerautorin Dr. Sarah Ballantyne und der Top-Food-Bloggerin Aleana Haber über die Paleo-Ernährung macht Ihr tägliches Essen zur mühelosen und preiswerten Nährstofftherapie. So lassen sich chronische Krankheiten (Herz-Kreislauf-Erkrankungen, Fettleibigkeit, Diabetes, Asthma, Allergien, Krebs) und Autoimmunerkrankungen (Hashimoto, Schilddrüsenprobleme, Darmprobleme) mit einem effektiven Paleo-Ernährungsplan geschmackvoll lindern.

Tracy Pollan / Dana Pollan / Lori Pollan / Corky Pollan

Hauptsache pflanzlich

101 LECKERE REZEPTE DER POLLAN-FAMILIE FÜR FLEXITARIER. MIT EINEM VORWORT VON MICHAEL POLLAN.

279 Seiten, geb., € 26,80

Esst nicht zu viel – und hauptsächlich Pflanzen

Mit diesen Worten wurde der Bestseller-Autor MICHAEL POLLAN zum Vorreiter der flexitarischen Bewegung. Mittlerweile ist die Wichtigkeit einer pflanzenbasierten Ernährung weithin anerkannt – und doch für viele Menschen nicht leicht umsetzbar.

In HAUPTSACHE PFLANZLICH zeigen Dana, Tracy, Corky und Lori Pollan (v. l. n. r.), die Schwestern bzw. Mutter von Michael Pollan, wie ein hauptsächlich pflanzlicher Ernährungsstil die ganze Familie überzeugt – und das mit vollem Erfolg: Innerhalb kürzester Zeit wurde ihr Kochbuch zum USA Today und New York Times Bestseller. Kein Wunder, denn ihre Gerichte sind erfinderisch und überraschen mit unerwarteten Möglichkeiten, wie auch überzeugte Fleischesser Pflanzen ins Zentrum ihrer Ernährung rücken können.

Palmer Kippola

Autoimmunerkrankungen heilen

WIE SIE MIT 6 WERKZEUGEN WIEDER GESUND WERDEN. MIT VORWORT DES NEW YORK TIMES BESTELLER AUTORS DR. MARK HYMAN.

416 Seiten, geb., € 23,80

„Wenn Sie wirklich gesund werden wollen, empfehle ich Ihnen dringend, dieses Buch zu lesen und den von Palmer Kippola empfohlenen Schritten zu folgen. Es wird Ihr Leben verändern."
- Dr. Josh Axe, Arzt und Bestseller-Autor

Palmer Kippola hat es sich zur Aufgabe gemacht, Autoimmunerkrankungen aus unserem Leben zu verbannen. Als bei ihr im Alter von 19 Jahren Multiple Sklerose diagnostiziert wurde, begann sie eine beeindruckende Heilungsreise, durch die sie all ihre Krankheitssymptome auflösen konnte. Das in diesem Prozess entstandene Wissen teilt sie in diesem praktischen Ratgeber, damit auch Sie sich von Ihren Beschwerden befreien können. Untermauert werden ihre bahnbrechenden Erkenntnisse dabei von führenden medizinischen Experten und Therapeuten, beispielsweise von Spezialisten für Immunologie und Funktionelle Medizin (FM).

Dr. Thomas Cowan

Impfungen und Autoimmunerkrankungen

WIE IMPFSTOFFE NEUE KINDERKRANKHEITEN AUSLÖSEN

224 Seiten, kart., € 19,80

Als praktizierender Kinderarzt stieß DR. THOMAS COWAN auf ein Paradox: Wer gegen Windpocken, Polio oder Masern geimpft wurde, klagte anschließend über chronische Beschwerden wie Hashimoto und Hautausschläge – tatsächlich hat in den USA ca. 1 von 2 Kindern eine Allergie, 1 von 11 Asthma und 1 von 36 Autismus. Patienten hingegen, die keine Impfstoffe erhalten hatten, führten ein gesünderes Leben.

Dr. Cowan zeigt in seinem Buch, dass Impfungen den Körper schwächen und über eine Immunreaktion (Autoimmunität) Impfschäden entstehen. Kinderkrankheiten hingegen leisten eine wichtige Prävention und stärken unser Immunsystem und schützen so lebenslang vor Krebs, Arthritis oder Herzkrankheiten. Mit IMPFUNGEN UND AUTOIMMUNERKRANKUNGEN schafft Cowan ein radikal neues Verständnis dafür, wie Impfstoffe Krankheitsbilder verändert haben. Der Autor zahlreicher Bestseller über anthroposophische Medizin und Homöopathie stellt alternativ zur gängigen Impfpraxis neue Behandlungsformen vor.

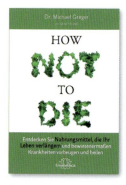

Dr. Michael Greger / Gene Stone

How Not To Die

ENTDECKEN SIE NAHRUNGSMITTEL, DIE IHR LEBEN VERLÄNGERN UND BEWIESENERMASSEN KRANKHEITEN VORBEUGEN UND HEILEN

512 Seiten, geb., € 24,80

Bereits über 166.000 verkaufte Exemplare der Deutschen Ausgabe.

Die meisten aller frühzeitigen Todesfälle ließen sich verhindern – und zwar, so überraschend es klingen mag, durch einfache Änderungen der eigenen Lebens- und Ernährungsweise.

Dr. Michael Greger, international renommierter Arzt, Ernährungswissenschaftler und Gründer des Online-Informationsportals Nutritionfacts.org, lüftet in seinem weltweit außergewöhnlich erfolgreichen Bestseller das am besten gehütete Geheimnis der Medizin: Wenn die Grundbedingungen stimmen, kann sich der menschliche Körper selbst heilen.

In How Not To Die analysiert Greger die häufigsten 15 Todesursachen der westlichen Welt, zu denen z. B. Herzerkrankungen, Krebs, Diabetes, Bluthochdruck und Parkinson zählen, und erläutert auf Basis der neuesten wissenschaftlichen Forschungsergebnisse, wie diese verhindert, in ihrer Entstehung aufgehalten oder sogar rückgängig gemacht werden können.

Dr. Michael Greger / Gene Stone

Das HOW NOT TO DIE Kochbuch

ÜBER 100 REZEPTE, DIE KRANKHEITEN VORBEUGEN UND HEILEN

272 Seiten, geb., € 29,-

Der Ernährungsguru, Arzt und begeisterte Wissenschaftsfreak Dr. Michael Greger hat dem Drängen Tausender Fans nachgegeben und ein Begleitkochbuch zu seinem internationalen Bestseller How Not To Die verfasst. Dieses ungeduldig erwartete Kochbuch enthält über 100 Rezepte für köstliche pflanzenbasierte Gerichte, die so gesund sind, dass sie Leben retten.

Die verwendeten Zutaten basieren überwiegend auf dem „Täglichen Dutzend" – den Lebensmitteln und Energielieferanten, die am nährstoffreichsten sind und reichlich Abwehrstoffe enthalten.

Einführend erläutert Dr. Greger die Gründe für seine ernährungswissenschaftliche Mission, geht auf die 15 häufigsten Todesursachen der westlichen Welt ein und verrät die beste Strategie, um diesen zu entkommen: eine vollwertige, pflanzenbasierte Ernährung.

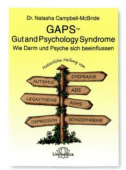

Dr. Natasha Campbell-McBride

GAPS - Gut und Psychology Syndrome

WIE DARM UND PSYCHE SICH BEEINFLUSSEN. NATÜRLICHE HEILUNG VON AUTISMUS, AD(H)S, DYSPRAXIE, LEGASTHENIE, DEPRESSION UND SCHIZOPHRENIE

512 Seiten, geb., € 26,00

Die GAPS-Diät ist das legendäre Ernährungsprogramm für verschiedenste Formen von Autismus, ADHS, Lernstörungen, Depression und Schizophrenie.

Die Ärztin Dr. Natasha Campbell-McBride entdeckte in jahrelanger Forschungsarbeit den direkten Zusammenhang zwischen psychischen Störungen, unserer Ernährung und dem Verdauungssystem. Viele der Betroffenen haben Essstörungen, ernähren sich einseitig und leiden unter einer kranken Darmflora.

Dr. Campbell-McBride entwickelte ein revolutionäres Therapieprogramm, das auf spezifischen naturbelassenen Nahrungsmitteln und ausgewählten Nahrungsergänzungsmitteln basiert, mit welchem sie erstaunliche Heilungserfolge – selbst bei schweren Autismusformen – erzielen konnte. zählen, und erläutert auf Basis der neuesten wissenschaftlichen Forschungsergebnisse, wie diese verhindert, in ihrer Entstehung aufgehalten oder sogar rückgängig gemacht werden können.

Denise Kruger Fantoli

Das große GAPS Kochbuch

238 HEILENDE REZEPTE FÜR DAS GUT AND PSYCHOLOGY SYNDROME GEGEN AUTISMUS, ADHS, ALLERGIEN, DEPRESSIONEN ETC. MIT VORWORT VON DR. NATASHA CAMPBELL-MCBRIDE, ERFORSCHERIN DES GAPS.

313 Seiten, geb., € 34,80

Mit der GAPS-Diät chronische Krankheiten heilen – wie dies möglich ist zeigt uns Denise Krüger Fantoli in ihrem großen GAPS Kochbuch. Anhand von 238 Rezepten lässt sich das legendäre Ernährungsprogramm einfach und nachhaltig im Alltag umsetzen.

Das Kochbuch baut auf der revolutionären Forschung von Dr. Natasha Campbell-McBride zum Gut and Psychology Syndrome (GAPS) auf. Bereits seit 20 Jahren erforscht die Neurologin und Ernährungswissenschaftlerin den Zusammenhang von psychischen Störungen, unserer Ernährung und dem Verdauungssystem. Kruger Fantoli lebte gemeinsam mit ihrer Familie drei Jahre lang nach der therapeutischen GAPS-Diät und stellte dabei beeindruckende gesundheitliche Fortschritte bei allen Familienmitgliedern fest. Daher macht sie die GAPS-Diät ausdrücklich auch Kindern schmackhaft.

Homöopathie
Naturheilkunde
Ernährung
Fitness & Sport
Akupunktur
Mensch & Tier

In unserem Webshop
www.unimedica.de
finden Sie nahezu alle deutschen Bücher – und eine umfangreiche Auswahl an englischen Werken – zu Homöopathie, Naturheilkunde und gesunder Lebensweise. Zu jedem Titel gibt es aussagekräftige Leseproben. Außerdem stehen Ihnen ein großes Sortiment ausgewählter Naturkost-Produkte sowie Nahrungsergänzungsmittel unserer Eigenmarke »Unimedica« und viele Superfoods zur Verfügung.

Blumenplatz 2 • D-79400 Kandern • Tel: +49 7626-974970-0 • Fax: +49 7626-974970-9
info@unimedica.de